Uwe Böschemeyer

SCHULE DES LEBENS

WERTORIENTIERTE PERSÖNLICHKEITSBILDUNG IN THEORIE UND PRAXIS

Ein Beitrag der Logotherapie zur Erwachsenenbildung

BAND 1

Dr. Uwe Böschemeyer, Jahrgang 1939, Autor mehrerer Bücher und zahlreicher anderer Veröffentlichungen, ist Gründer und Leiter des Hamburger Instituts für Existenzanalyse und Logotherapie. Schwerpunkte seiner Arbeit sind neben der „existenzanalytischen Logotherapie" die von ihm begründete „wertorientierte Persönlichkeitsbildung" sowie die von ihm entwickelte „wertorientierte Imagination". Uwe Böschemeyer wurde von Viktor E. Frankl zur Lehre und Praxis der Logotherapie autorisiert.

Uwe Böschemeyer

SCHULE DES LEBENS

WERTORIENTIERTE PERSÖNLICHKEITSBILDUNG IN THEORIE UND PRAXIS

Ein logotherapeutischer Beitrag zur Erwachsenenbildung

BAND 1

ISBN 3-8311-0014-4

Herstellung: Libri Books on Demand
Hamburg 2000

INHALT

II. SPEZIELLE THEMEN

STATT EINES VORWORTES

- Der letzte, dem Menschen unbekannte Kontinent ist bekanntlich der Mensch (Edgar Morin).

- Keine Zeit hat so viel und so mannigfaltiges vom Menschen gewußt wie die heutige - und keine Zeit wußte weniger, was der Mensch sei, als die unsrige (Martin Heidegger).

- Das Wissen, die intellektuelle Beherrschung, nimmt ständig zu. Das Begreifen aus dem Ganzen heraus wird immer schwächer. Das Wissen wächst, die Weisheit wird weniger (Romano Guardini).

- Wir müssen heute fürchten, daß der Mensch die Weisheit nicht hat, seine eigene Intelligenz zu steuern, daß er also zu töricht ist, seine Klugheit vor Torheit zu bewahren. Er muß endlich lernen, Weisheit zu gewinnen, statt seinen Verstand anzubeten und ihm hirnlos zum Opfer zu fallen (Jörg Zink).

- Wir leben im Zeitalter der Überarbeitung und der Unterbildung; das Zeitalter, in dem Menschen so fleißig sind, daß sie verdummen (Oscar Wilde).

- Das spezielle Problem unserer Zeit ist aber das des Menschen selbst; das Problem der Rettung der menschlichen Persönlichkeit vom inneren Zerfall, das Problem der Bestimmung und der Berufung des Menschen (Nikolai Berdjajew).

EINFÜHRUNG

FÜR WEN IST DAS BUCH GESCHRIEBEN?

Dieses Buch habe ich für Menschen geschrieben,

- die ihre Persönlichkeit weiterbilden wollen,
- die wissen möchten, was Werte sind und wie sie sie leben können,
- die Hunger nach Sinn haben,
- die Leben tiefer verstehen möchten,
- die neu beginnen müssen,
- die nach einem günstigen Umgang mit Krisen suchen,
- die möglichen Erkrankungen vorbeugen wollen,
- die mit Menschen arbeiten und für neue Anregungen offen sind.

WARUM ICH DAS BUCH GESCHRIEBEN HABE ?

Ich habe dieses Buch geschrieben, weil ich in meiner über dreißgjährigen Arbeit zu der Auffassung gelangt bin, daß viele Menschen dieser Zeit wenig lebensbejahend sind und wenig davon wissen, wie wertvolles Leben aussehen kann. Wer jedoch wenig davon weiß, wie Leben geht, stagniert in der Weiterbildung seiner Persönlichkeit, gerät in Konflikte, leidet an Sinnmangel und gefährdet schließlich seine Gesundheit, seelisch und körperlich.

Wir haben im 20. Jahrhundert mehr als in anderen Zeiten gelernt, Probleme analytisch durchdenken und Störungen durchschauen zu können. Wir haben dagegen weniger gelernt, nach Gründen für sinnvolles Leben zu fragen, also

nach *Werten*, präziser: nach solchen Werten, die spezifisch menschlich sind.
Wir haben im 20. Jahrhundert gesehen, daß sich die therapeutischen und beraterischen Einrichtungen für seelisch und körperlich erkrankte Menschen in erfreulicher Weise ausgeweitet haben. Es reicht jedoch nicht aus, daß sich die Verantwortung eines Landes auf die Betreuung, Beratung und Therapie erkrankter oder problembeladener Menschen beschränkt. Notwendig wäre, sie *auch* auf jene auszuweiten, die nach gelingendem Leben fragen und auf ihre Lebensfragen keine ausreichenden oder gar keine Antworten finden.
Viktor E. Frankl, der sich wie kein anderer Seelenarzt des 20. Jahrhunderts mit der Sinnfrage befaßte, wies immer wieder darauf hin, daß das *typische* Problem unserer Zeit die „*existentielle Frustration*" sei. Er verstand sie als Folge „eines weltweit um sich greifenden Sinnlosigkeitsgefühls"[1]. Seine Studien veranlaßten ihn sogar zu dem Schluß, daß sich dieses Gefühl weiterhin ausbreiten werde.
Als *Ursache* für diese Entwicklung nannte Frankl das Menschenbild des 20. Jahrhunderts, das von den Wissenschaften (der Biologie, Psychologie und Soziologie) um die Dimension des Geistes reduziert worden sei. „Reduktionismus" aber sei „gelehrter Nihilismus", und dessen Folge der „gelebte Nihilismus". Und darin sah er *letztlich* die Ursache dieser Entwicklung[2].

---

[1] Siehe zu diesem Thema z.B.: Viktor E. Frankl: Das Leiden am sinnlosen Leben. Psychotherapie für heute, Freiburg 1995, 17. Aufl.
[2] Siehe dazu z.B. Viktor E. Frankl: Der Mensch vor der Frage nach dem Sinn, München/Zürich 1998, 10. Aufl., S. 15, 21 ff.

Mag sein, daß Frankl in seiner leidenschaftlichen Auseinandersetzung mit dem Reduktionismus dessen Urheber nicht immer differenziert genug gesehen hat - insgesamt aber scheint er mir einen Schlüssel zum Gesamtverständnis für die Probleme unserer Zeit gefunden zu haben.

Ob es nicht an der Zeit ist, dem Sinnlosigkeitsgefühl nicht nur therapeutisch, sondern auch *vorbeugend* zu begegnen? Ob nicht gerade die Logotherapie, deren ganzes Denken um Geist und Sinn kreist, *diese* Aufgabe übernehmen sollte? In wievielen Schriften Frankls zum Thema Zeitgeist sehe ich indirekte, aber eindeutige Hinweise auf die Notwendigkeit einer solchen, nämlich *präventiven* Arbeit!
Es liegt also nahe, eine „Wertorientierte Persönlichkeitsbildung" zu entwickeln und sie als einen *eigenständigen* Bereich neben krankheits- und konfliktorientierter Psychotherapie und Beratung zu verstehen. Sie wäre jedenfalls *eine* Antwort auf die Herausforderungen unserer Zeit. Das vorliegende Buch ist ein erster Versuch, diese neue Disziplin konkret vorzustellen - trotz oder gerade wegen des Dschungels diverser Heilslehren, die den Büchermarkt überschwemmen. Denn es basiert auf dem seriösen Menschenbild der existenzanalytischen Logotherapie Frankls und der vieljährigen theoretischen und praktischen Arbeit des Hamburger Instituts für Existenzanalyse und Logotherapie.

WERTORIENTIERTE PERSÖNLICHKEITSBILDUNG
- Der „dritte Weg“ neben Psychotherapie und Beratung -

1. Ihre *Hauptthesen* lauten:
   - Die Befindlichkeit eines Menschen hängt davon ab, was er im Leben findet. Eine gute Befindlichkeit hängt davon ab, ob er spezifisch humane Werte [3] findet, und davon, ob er sie *lebt*. *Wert-leeres* Leben erzeugt Sinnkrisen und, wenn sie andauern, Störungen und Krankheiten an Körper und Seele. Gelingendes Leben ist *wert-volles* und deshalb sinnvolles Leben. Sinnvolles Leben ist bejahendes Leben und daher die primäre Voraussetzung zur Prävention von Konflikten, Störungen und Erkrankungen - und zu einem erfüllten Dasein.

   - Das Problem dieser Zeit besteht nicht im Mangel an Werten, sondern im *Zugang* zu den Werten. Doch der Zugang *öffnet* sich in dem Maße, in dem sich der *Geist* für sie öffnet, denn dessen vorrangige Eigenschaften sind Erkenntnis (des Lebens) und Liebe (zum Leben).

   - Seelisch *kranke* Menschen brauchen selbstverständlich Psychotherapie. Das bedeutet u.a., daß die *Ursachen* der Erkrankung zu untersuchen und bestimmte *Widerstände* auf dem Weg zur Heilung zu beseitigen sind.

---

[3] Siehe dazu: Wer ist der Mensch? Theorie, Punkt 5 - und: Zugänge zu Wert- und Sinnerfahrungen, Theorie, Abschnitt: Werte.

Auch *nicht erkrankte* Menschen, die wegen ihres nicht befriedigenden Lebens fachliche Hilfe suchen, fragen verständlicherweise nach den Ursachen ihres Zustandes und danach, warum sie ihn nicht ändern können. Ich bin aber davon überzeugt, daß *diese* Menschen rascher zu einem veränderten, vielleicht sogar tieferen Lebensgefühl kämen, wenn sie die Zeit und die Leidenschaft, die sie häufig in die Problemanalyse investieren, reduzierten und sich *mehr* der *Wertorientierung* zuwendeten. Denn spezifisch menschliche Werte haben ein hohes Maß an Anziehungskraft, wenn (!) man sich auf sie ausrichtet. Und *manche* Widerstände auf dem Weg zu ihnen lösen sich von selbst auf, wenn sich die Beziehung zu dem avisierten Wert verdichtet.

Fazit:
Die wertorientierte Persönlichkeitsbildung will keine Alternative zwischen Problemanalyse/ Widerstandsarbeit *einerseits* und Wertorientierung *andererseits*, sondern eine *deutlich verstärkte* Zuwendung zur Orientierung auf Werte.

Ich werde die Woche nicht vergessen, in der ich mit einem Ausbildungsseminar vier Tage nur problemorientiert und einen Tag nur wertorientiert arbeitete. Der Unterschied in der „Befindlichkeit" zwischen dem einen Tag - die Stimmung war gelöst und heiter - und den anderen Tagen war höchst bemerkenswert und löste bei allen Teilnehmern großes Staunen aus (Dabei waren sie keineswegs unwillig, sich ihren Problemen zu stellen).

3. Ihre drei *Ziele und Aufgaben* sind:

- Weiterbildung und Entfaltung der Persönlichkeit
- Prävention (Vorbeugung) von seelischen und körperlichen Störungen
- Supportive (unterstützende) Begleitung in Krisen.

4. Ihre *Zielgruppe*:

- Die „Wertorientierte Persönlichkeitsbildung" richtet sich an gesunde Menschen, die wissen, daß nicht nur der Körper der Pflege bedarf, sondern auch die Seele -, daß die Seele jedoch keineswegs vom Entspanntsein allein lebt, sondern auch und vor allem von einem lebendigen Geist. Denn die ständig wechselnden Situationen im Leben *und* die großen Phasen wie z.B. die Pubertät, die Lebensmitte, das Alter verlangen immer wieder neue Um- und Einstellungen.

- Die wertorientierte Persönlichkeitsbildung ist weiterhin für Menschen gedacht, die *existentiell frustriert*, jedoch (noch) nicht erkrankt sind.

Menschen, die existentiell frustriert sind, spüren, daß mit ihnen „irgendetwas nicht stimmt". So wie bisher wollen sie nicht weiterleben. Sie ahnen, daß ihr Leben eine Wende braucht. Sie bedauern, daß es für sie nichts Besonderes mehr zu geben scheint. Sie klagen über Initiativlosigkeit, Interessenlosigkeit und Langeweile. Sie fühlen sich niedergeschlagen, kraftlos, freudlos, müde vom Leben, ohne unmittelbar selbstmordgefährdet zu sein. Sie berichten von bislang nicht bekannten Lebensängsten und auch davon, daß sie krankheitsanfälliger als in vergangenen Zeiten

seien. Sie leiden unter ihrer Zerstreutheit. Sie scheinen keine Wünsche mehr zu kennen. Sie wissen kaum noch Antworten auf die Frage danach, was für sie wertvoll ist. Sie sind orientierungslos. Sie haben wenig Hoffnung auf Veränderungen. Sie wissen nicht mehr, wozu sie leben. Sie fühlen kaum noch Sinn. Und wenn sie mit einem konkreten Problem in die Praxis kommen, zeigt sich oft, daß der *Grund* ihrer psychischen und sozialen Schwierigkeiten primär in ihrer *geistig* bedingten existentiellen Frustration, liegt.
Es trifft zu, was Einstein gesagt hat: „Wer sein eigenes Leben und das seiner Mitmenschen als sinnlos empfindet, der ist nicht nur unglücklich, sondern auch kaum lebensfähig“ [4].

5. Die wertorientierte Persönlichkeitsbildung in der *Praxis*:

Praktiziert wird die „Wertorientierte Persönlichkeitsbildung in

- *Einzelgesprächen*
- und der „*Schule des Lebens*“.

Die erfreulichen Reaktionen der Teilnehmer auf die „Schule des Lebens“, die ich z.Zt. zum fünften Male durchführe - als Blockveranstaltungen in einem Zeitraum von 10 Monaten -, haben mich veranlaßt, zuerst die „Schule“ vorzustellen - in zwei Bänden, von denen Ihnen der erste vorliegt. Im dritten Band werde ich mein neues

[4] Albert Einstein: Wie ich die Welt sehe, in: Der Sinn des Lebens, hrsg. von Christoph Fehiger, georg Meggle und Ulla Wessels, München 2000, S. 358.

Konzept für die Arbeit mit einzelnen Gesprächspartnern beschreiben.

- Zur „Schule des Lebens“:

Vorläufer der „Schule des Lebens“ waren „Leben-lernen-Seminare“, die ich in den achtziger Jahren im „Hamburger Institut für Existenzanalyse und Logotherapie“ leitete. Sie waren thematisch und zeitlich weit weniger intensiv als die heute laufenden Veranstaltungen. Am Ende jenes Seminars bat ich die Teilnehmer um Rückmeldungen. Einige wenige davon möchte ich ihnen wiedergeben:

> Das Seminar bringt Bewegung in mein Leben, denn es hilft mir, Zusammenhänge des Lebens zu erkennen. - Es hat mich angespornt, geistig zu arbeiten. - Dinge, die ich gehört habe, kann ich ausprobieren und anwenden. - Viele Ängste habe ich abgelegt. - Ich habe gelernt, „ja“ zum Leben zu sagen. - Liebe, Glaube, Hoffnung, wenn diese Fragen sterben, dann stirbt auch die Welt. Das habe ich begriffen. - Das Seminar hilft mir, meine pseudo-intellektuelle, rationale Distanz zum Leben plötzlich erschüttert zu sehen, weil ich in diesem Seminar über urmenschliche Anliegen in meinen Fragen und Ängsten als ganzer Mensch betroffen und angesprochen werde. - Leben geht! Trotz oder gerade wegen meiner Sorgen. - Ich habe mich verändert. - Das Seminar ist eine „Präventivmaßnahme“, die mir hilft, gar nicht erst in ein neurotisches Leben hineinzugeraten.

Ermutigt zur Gründung einer „Schule des Lebens“ wurde ich auch von C.G. Jung, der des öfteren „Schulen für Erwachsene“ forderte. So sagte er z.B. am 17. Juli 1960 in einem Interview mit der Londoner „Sunday Times“ anläßlich seines nahenden 85. Geburtstages, die Ausbildung junger Menschen behalte ihre Gültigkeit, ihren Wert bis ungefähr zur Lebensmitte, wir hätten aber heute die Chance, doppelt so lang zu leben wie früher, und die zweite Lebenshälfte weise bei vielen Menschen eine Struktur auf, die sich von Grund auf von der ersten unterscheide. Wenn aber die verhängnisvolle Zeit um das vierzigste Lebensjahr erreicht sei, beginne man Rückschau zu halten, und stumme Fragen drängten sich immer mehr auf[5].
Ich hoffe allerdings, lieber Leser, Sie stimmen nach der Lektüre dieses Buches mit mir darin überein, daß keineswegs nur Ältere die „Schule des Lebens“ lesen oder besuchen sollten.

Einige Schlußbemerkungen:

- Die Titel einiger Abschnitte werden manchen Lesern vertraut sein. Ich habe mir wichtig erscheinende Teile aus älteren Schriften in dieses Buch aufgenommen, sie jedoch verbessert und ergänzt.
- An einigen Stellen werden Sie Wiederholungen finden. Da jedoch die Seele in ihrer Vielfalt nicht teilbar ist und manche Aspekte für *mehrere* Themen wichtig sind, ließen sie sich leider nicht vermeiden
- Auf vielen Seiten ist von „er“ und „ihm“ die Rede. Selbstverständlich meine ich damit den Menschen, die Frau und den Mann.

---

[5] C.G. Jung: Ein großer Psychologe im Gespräch, Interviews, Reden, Begegnungen, Freiburg/Basel/Wien 1994, S. 299.

I. GRUNDLEGENDES

1. WER IST DER MENSCH?
EIN PLÄDOYER FÜR DEN MENSCHEN

THEORIE

Wer den Menschen beschreiben will, gleicht dem, der versucht, das Meer *ganz* überblicken zu wollen. Schon der Körper gibt uns Rätsel über Rätsel auf. Von der Seele ganz zu schweigen. Wer wollte *sie* erfassen? Und dann der Geist. Mehr als 30 Definitionen zum Begriff „Geist" hat C.G. Jung studiert, keine hat ihn befriedigt. Schließlich der *Zusammenhang von* Körper, Seele und Geist. Die Philosophen, die Mediziner und Psychologen haben sich die Finger wundgeschrieben bei dem Versuch, diesen Zusammenhang durchschaubar zu machen. Gelungen ist es keinem ganz. Das kann auch gar nicht anders sein. Warum nicht?
Wir Menschen sind gebunden an Raum und Zeit. Wir sind gebunden an den gegenwärtigen Stand der Forschung, gebunden also an einen *Ausschnitt* von Erfahrungen. Wir sind gebunden an unsere spezifische Wahrnehmung. Wir sind gebunden, ob wir es wahrhaben wollen oder nicht, an ein bestimmtes Interesse, das unsere Erkenntnis leitet. Wir sind auch an die Tatsache gebunden, daß unsere Eitelkeit uns immer wieder dazu verführt, die *eigenen* vermeintlichen Einsichten durchsetzen zu wollen und deshalb zu wenig auf die anderer zu hören, die vielleicht nicht weniger „einsichtsvoll" sind als wir selbst.

Heißt das, daß wir das Unternehmen, Aussagen über den Menschen machen zu wollen, lieber sein lassen sollten? Keineswegs. Doch bevor wir uns erdreisten, ihn zu beschreiben, ist es wichtig, sich unserer Unzulänglichkeit in dieser Frage bewußt zu werden, weil sich nur so jener Blick entwickelt, den wir brauchen, um das Wesen des Menschen erahnen und über seine Weite, Tiefe und Vielgestaltigkeit staunen zu können.

Selbstverständlich stellen auch die folgenden 20 Aspekte kein umfassendes Menschenbild dar. Sie weisen auf jene menschlichen Seiten hin, die *mir* bei der Weiterbildung der Persönlichkeit besonders beachtenswert erscheinen. Sie haben sich mir durch Studium, Forschung und Erfahrung gezeigt. Wer dem Inhalt dieser 20 Punkte näherkommen möchte, sollte nicht rasch über sie hinweglesen, sondern sie auf sich wirken lassen.

1. Das Wesen jedes Menschen ist ein *Geheimnis* [6]. Es ist nicht erklärbar und nur begrenzt verstehbar. Kaum jemand hat diese Tatsache anschaulicher beschrieben als Kahlil Gibran:

> *„Der Schatz in eurem tiefsten Innern möchte eurem Auge sichtbar werden. Doch wieget nicht euren unbekannten Schatz auf einer Waage; und erforschet nicht die Tiefe eures Wissens mit dem*

---

[6] Albert Einstein: „Das Schönste, das wir erleben können, ist das Geheimnisvolle. Es ist das Grundgefühl, das an der Wiege von wahrer Kunst und Wissenschaft steht. Wer es nicht kennt und sich nicht mehr wundern, nicht mehr staunen kann, der ist sozusagen tot und sein Auge erloschen." Zitiert in: Denkanstöße 2000, hrsg. v. Angela Hausner, München/Zürich 1999, S. 186.

Meßstock oder der Lotschnur. Denn das Ich ist ein Meer ohne Maß und Grenzen.
Saget nicht: ' Ich habe die Wahrheit gefunden',
saget lieber: 'Ich habe eine Wahrheit gefunden.'
Saget nicht: 'Ich habe den Pfad der Seele entdeckt ', -
saget lieber:'Ich habe die Seele getroffen, auf meinem Pfade wandelnd.'
Denn die Seele wandelt auf allen Pfaden.
Die Seele wandelt nicht auf einer Bahn, noch wächst sie wie ein Schilfrohr.
Die Seele entfaltet sich gleich einer Lotosblume, aus Blütenblättern ohne Zahl" [7].

2. Jeder Mensch ist bestimmt durch drei Gegebenheiten:

- durch die *Gattung*
- durch den *Typus*
- durch seine *Individualität.*

Stellen Sie sich eine Weide vor, auf der 10 Pferde grasen. Sie unterscheiden sich in Form, Farbe und Bewegungsabläufen und sind doch alle miteinander Pferde. Das ist die *Gattung*.
Bei näherem Hinsehen fällt Ihnen auf, daß sich die drei Pferde am Zaun, die vier in der Mitte und die drei in Ihrer Nähe gleichen. Da klärt der Besitzer Sie darüber auf, daß drei Trakehner, vier Hannoveraner und drei Friesenpferde auf dieser Weide stehen. Vom *Typ* also ist die Rede. Wenn Sie nun z.B. die drei Friesen näher in Augenschein nehmen, bemerken Sie, daß diese strammen Rosse sich zwar gleichen und sich trotzdem jedes vom anderen un-

[7] Kahlil Gibran: Der Prophet, Freiburg i.B. 1983, S. 42.

terscheidet. Jedes einzelne ist - wie sollte es anders sein? - ein *Individuum.*

Daß wir Menschen einer Gattung angehören, bezweifelt bekanntlich niemand. Daß jeder von uns einzigartig ist, bejahen wir gern. Doch daß wir auch einem Typus zugehörig sein sollen, finden viele eher banal. (Dabei haben Forscher bereits seit der Antike immer wieder versucht, die vielfältigen Verhaltensweisen der Menschen in überschaubare Grundstrukturen zusammenzufassen - nicht, um sie „abzustempeln" und in Schubfächer zu stecken, sondern um ihnen angemessener behilflich sein zu können - körperlich, seelisch und geistig).
Besonders einleuchtend und hilfreich erscheint mir die Typenlehre des „Enneagramms" [8]. Sie ist ein Glücksfall für die Psychologie, weil sie in erstaunlicher Klarheit zeigt, daß und wie Menschen unterschiedlicher „Typen" unterschiedlich denken, empfinden, fühlen und handeln. Wir könnten viel differenzierter, nüchterner und freier mit uns und anderen umgehen, hätten wir Einblick in diese Schatzgrube der Menschenkenntnis.
In erstaunlicher Klarheit zeigt sich, daß mit jedem Typus eine bestimmte *Problematik* und - als Gegenpol - ein bestimmtes *Potential*, eine besondere Wertmöglichkeit, verbunden ist. (In allem, was ist, ist keimhaft das Gegenteil enthalten). Je gründlicher die Problematik bearbeitet wird, desto leichter gelingt die Verwirklichung der mit dem jeweiligen Typus verbundenen *Wertmöglichkeit.*

In aller Kürze stelle ich Ihnen die 9 „Typen" vor:

---

[8] Siehe dazu: Uwe Böschemeyer: Vom Typ zum Original, Die neun Gesichter der Seele und das eigene Gesicht, Lahr 1994.

1. *Der Reformer*: Der Reformer will hoch hinaus. Mit dem, was ist, gibt er sich so rasch nicht zufrieden. Verändern will er sich, verändern will er auch die Welt, und zwar sofort! Geduld ist daher (zunächst) seine Stärke nicht. Leben soll vollkommen sein! Doch wenn er das Leben, so wie es ist, *anzunehmen* lernt, läßt er vieles so sein, wie es nun einmal ist.
   Problematik: Aggressivität
   Potential: Geduld

2. Der *Helfer* braucht es, gebraucht zu werden. Für andere dazusein, das ist für ihn sein Sinn. Die Hilfe anderer lehnt er (zunächst) ab. Er verschenkt seine Kraft und verliert deshalb manchmal sich *selbst*. Doch wenn er sich selbst zu lieben lernt und sich eingesteht, daß auch er einmal Zuwendung braucht, wird nicht nur das Herz der anderen warm.
   Problematik: überzogener Stolz
   Potential: echte Liebe

3. Der *Erfolgsmensch* genießt es, bewundert zu werden, und dafür setzt er (zunächst) manchmal Masken auf. Es kann sogar sein, daß er sich mit Menschen oder Projekten identifiziert, zu denen er keinerlei innere Beziehung hat - wenn sie ihm nur Erfolg versprechen. Doch wenn er sich zu sich selbst bekennt, ist und wirkt er klar wie quellfrisches Wasser.

Problematik: Unwahrhaftigkeit
Potential: Klarheit

4. Der *Romantiker* liebt das Besondere. Er ist (zunächst) auf der Suche nach der „blauen Blume", dem besonderen Schatz. Die Welt ist ihm zu profan. Zugleich aber sehnt er sich danach, wie alle anderen in ihr zu Hause zu sein. Doch wenn er seinen Platz im Leben gefunden hat, wird auch die „gewöhnliche" Welt für ihn der Ort, an dem seine unruhige Seele Ruhe findet.
   Problematik: Neid (auf jene, die im Leben zu Hause sind)
   Potential: Echtheit

5. Der *Beobachter* braucht (zunächst) viel Abstand von dem, was ihm lebendig erscheint. Er bricht die Brücken ab, wenn andere ihm zu nahe kommen. Doch manchmal, wenn er seine innere Einsamkeit tief genug spürt, sucht er jene Brücke auf, die ihn hinüberführt in den Garten der Menschen.
   Problematik: innere Leere
   Potential: Weisheit

6. Der *Gemeinschaftsmensch*, auch der Loyale genannt, erweckt (zunächst) den Eindruck, als brauche er andere Menschen mehr als sich selbst. Er geht in ihrer Gemeinschaft auf, besonders dann, wenn sie ihm gleichgesinnt sind. Doch wenn er zu spüren beginnt, daß er „mehr" ist als einer unter anderen, richtet er sich auf und geht auch seinen *eigenen* Weg.

Problematik: Angst
Potential: Mut

7. Der *Glückssucher* sucht die Lust, die Freude, das Glück und findet es oft. Und wenn er es gefunden hat, jagt er gleich neuem nach. Wenn jedoch die Niederungen des Daseins wenig Glücksgründe herzugeben scheinen, schwingt er sich auf und sucht sie (zunächst) in den Wolken. Doch wenn er zu begreifen beginnt, daß auch das Dunkle Leben ist, beginnt er, das *ganze* Leben zu lieben.
   Problematik: Maßlosigkeit
   Potential: heitere Nüchternheit

8. Der *Starke*, der Boß, ist tief in seiner eigenen Kraft verwurzelt. Er braucht Herausforderungen, um seine Kraft zu spüren. Kampf ist für ihn Leben. Leben ist für ihn (zunächst) Kampf. Doch das verborgene Kind in ihm kennt und liebt auch das zarte Spiel.
   Problematik: Machtlust
   Potential: Güte

9. Der *Ursprüngliche*, „der Stille im Lande“, fühlt sich (zunächst) in seiner eigenen, verborgenen Welt am wohlsten. Die Welt, sie ist ihm oft lästig und lenkt ihn von dem ab, was er in sich selbst erlebt. Doch beginnt er sich ihr zu öffnen, wird sie auch für ihn lebenswert.
   Problematik: Antriebsarmut
   Potential: Verantwortungsgefühl

Wer den *einen*, zu seinem Typus gehörenden Wert zu *leben* beginnt [9], wird die Erfahrung machen, daß sich ihm auch die „Türen“ zu anderen Werten öffnen. Ein Beispiel: Jemand, der geduldig ist, hat wenig Angst. Er scheut nicht die Nähe der Menschen, sondern läßt sich auf sie ein. Er übernimmt auch, wenn es die Situation verlangt, Verantwortung. Er läßt anderen Raum und behandelt sie liebevoll, vielleicht sogar gütig. Deshalb sagt er auch die Wahrheit. Er flieht nicht vor der „Welt“, sondern findet dort Heimat, wo er nun einmal ist. Er braucht auch nicht ständig mehr, sondern ist mit dem zufrieden, was er hier und heute findet. Und sicher wird er im Lauf der Zeit viel vom Leben und seinen Gesetzmäßigkeiten erfahren.

3. Jeder Mensch ist von vier weiteren Gegebenheiten bestimmt:

- vom persönlichen *Bewußtsein*
- vom kollektiven Bewußtsein
- vom persönlichen *Unbewußten*
- vom kollektiven Unbewußten.

Die *Kraft* des Bewußtseins ist abhängig von physiologischen Vorgängen, von der Erziehung, von der gegenwärtigen Situation, vor allem aber von der Art des Umgangs mit dem Unbewußten.

- Das *persönliche Bewußtsein* meint den Verstand, das

[9] Zur Konkretisierung der Arbeit an der Problematik und am Potential siehe neben meinem Buch: „Vom Typ zum Original“ den Abschnitt: Der innere Gegenspieler, Praxis, Punkt 2.

logische Denken, die Entscheidung zum Handeln - die Wahrnehmung, das Erleben, das Erfühlen - die Vergegenwärtigung von Vergangenem, Gegenwärtigem und Zukünftigem - die Bewußtmachung meiner selbst - sowohl nach innen als auch nach außen.

- Das *kollektive Bewußtsein* meint die *allgemeinen* Denkgewohnheiten, Anschauungen, Überzeugungen, Werte, meint das, was Menschen in ihrer Zeit im allgemeinen denken und empfinden.

- Das *persönliche Unbewußte* ist das „Sammelbecken" der persönlichen Lebens-Erinnerungen -, nicht nur der „negativen", auch der „positiven".

- Das *kollektive Unbewußte* ist das „Sammelbecken" der Erinnerungen der Menschheit im allgemeinen und der jeweiligen Kulturen im besonderen. Diese Erinnerungen kommen vor allem in den „Archetypen" zum Ausdruck. Diese tief in der Seele beheimateten *Urbilder* sind, so C.G. Jung, „ein immenses Reservoir an geschichtlicher Erinnerung, in welcher essentiell die ganze Menschheitsgeschichte gespeichert ist". Nicht nur das: „Alle nur vorstellbaren Situationen und alle möglichen Lösungen sind im kollektiven Unbewußten aufbewahrt" [10].

Jede menschliche Seele hat die Tendenz, das, was in ihr vorgeht - z.B. Ahnungen und Gefühle -, in anschauliche Bilder zu übersetzen. *Jeder* Mensch hat innere Bilder. Sie zeigen sich ihm in Erinnerungen, Phantasien und Ideen, in

[10] C.G. Jung, Ein großer Psychologe im Gespräch, Interviews, Reden, Begegnungen, Freiburg/Basel/Wien 1994, S. 82 f.

Träumen des Tages und der Nacht. So entstanden Märchen und Mythen, so entstehen Träume und Imaginationen.
Die inneren Bilder sind die *Brücke* zwischen unserem Bewußtsein und unserem Unbewußten. Sie haben *Mittlerfunktion*. Deshalb fühlt und erlebt ein Mensch sich erst dann als *ganzer*, wenn beide Welten in ihm in angemessener Weise miteinander verbunden sind.

Wir träumen von Reisen ins Weltall.
Ist denn das Weltall nicht in uns?
Die Tiefen unseres Geistes kennen wir nicht.
Nach innen geht der geheimnisvolle Weg.
In uns oder nirgends
ist die Ewigkeit mit ihren Welten,
die Vergangenheit und die Zukunft.
(Novalis 1798)

4. Jeder Mensch ist eine Einheit und Ganzheit von *Körper*, *Seele* und *Geist*. Diese drei Dimensionen sind zwar in Art und Ausdruck unterschiedlich, doch bildet jede für sich das Menschliche ab.

- Der *Körper* trägt den Menschen.
- Die *Seele* - „Seele" ist ein Sammelbegriff für das Unsichtbare im Menschen - ist die Dimension des Menschen, in der er empfindet, fühlt und erlebt, was Geist und Körper aus-leben.

Körper und Seele sind zwar die vitale Basis des Menschen, zugleich begrenzen sie ihn und sind daher eine ständige Herausforderung des Geistes.

- Der *Geist* ist die entscheidende Dimension des Men-

schen. Er ist die *Mitte* der Seele.
Geist ist eine Erfahrungstatsache, die sich nicht begründen läßt. Er ist im Menschen erfahrbar, aber er geht in ihm nicht auf.
Geist ist *die* schöpferische Kraft, die ihn befähigt, sein inneres und äußeres Leben innerhalb bestimmter Grenzen frei gestalten zu können.
Das Spezifische des Geistes liegt in seiner *Intentionalität,* d.h. in seinem *Ausgerichtetsein* auf solche *Werte* im Leben, die *Sinn* begründen. Daher ist das *vorrangige Motiv* des Menschen, also sein wichtigster Beweggrund: sein Ausgerichtetsein auf *Sinn.*

5. *Werte* sind Gründe für *Sinn* [11]. Das Gefühl für Werte ist *jedem* Menschen eigen. Es wurzelt, wie alle spezifisch menschlichen Phänomene, z.B. Freiheit, Verantwortlichkeit, Liebe, Hoffnung, Mut, Vertrauen, Religiosität, Kreativität, in der Dimension der Tiefe" (P. Tillich), im *„unbewußten Geist"* (Frankl).

6. Der Gegenpol des Geistes ist der *Trieb* (z.B. der Aggressions-, Sexual-, Besitz-, Geltungstrieb). Das Spezifische des Triebes liegt in seinem Treiben, Drängen, „Schieben", Überwältigen.

GEIST	TRIEB
Intentionalität	Drang
Sinnorientiertheit	Determiniertheit

[11] Siehe dazu: Zugänge zu Wert- und Sinnerfahrungen, Theorie, Abschnitt: Werte

Geist und Trieb sind zwar gegenpolig, doch bedarf einer des anderen. Der Geist bedarf der „Schubkraft" der Triebe, sie wiederum erfüllen nur dann ihren Sinn, wenn der Geist darüber entscheidet, *ob* und *wie* sie wirksam werden.

7. Der bedrängendste Gegner des Geistes - und also der Wert- und Sinnerfahrung - ist der ungesteuerte *Aggressionstrieb* in seiner Doppelgestalt: als Aggression gegen andere und anderes *und* gegen den Menschen selbst. Dieser Trieb gehört zu *jedem* Menschen, und sei er ihm noch so unbewußt.
Die Bewußtwerdung *dieser* Tatsache sowie die Erfahrung, daß nur der Gegenpol der ungesteuerten Aggression, die *Liebe* - sie ist ein wesentlicher Aspekt des Geistes - Menschwerdung ermöglicht, gehören zu den fundamentalen Voraussetzungen der wertorientierten Persönlichkeitsbildung.
Das außer dem Sinnlosigkeitsgefühl andere große Problem unserer Zeit, die *Angst,* hat in der Doppelgestalt der ungesteuerten Aggressivität seine Wurzel.

8. Alles Leben ist vom Wechselspiel polarer Strukturen beeinflußt bzw. bestimmt. Alle „negativen" Gefühle, wie z.B. Aggressivität, Angst, Depressivität sind jedoch keineswegs nur als Gegebenheiten zu verstehen, sondern als *Herausforderungen* dazu, sich immer wieder auch deren Gegenpolen zuzuwenden.

9. Alles Leben ist Leben in einem großen *Netzwerk,* dessen Elemente sich wechselseitig beeinflussen. Deshalb ist der Blick über den eigenen individuellen Horizont hinaus eine bleibende Aufgabe und Möglichkeit für jeden Menschen.

10. Jeder Mensch ist beides: *Individuum* und *Gemeinschaftswesen.* Daher ist hinreichende Wert- und Sinnerfahrung nur dem möglich, der *beide* Bereiche hinreichend lebt, das *eigene* Leben ebenso wie die Beziehung zu *anderen* und *anderem.*

11. Die *Welt*, in der wir leben, ist *unsere* Welt. Die *Zeit*, in der wir leben, ist *unsere* Zeit. Das Leben, das wir in dieser Welt und dieser Zeit leben, ist *unser* Leben.
Diese unsere Welt in dieser unserer Zeit ist beides: unsere Gefährdung - und unsere Möglichkeit, damit zugleich unsere *Aufgabe*. Diese Aufgabe können wir annehmen, wir können sie ablehnen. Doch wenn wir sie ablehnen, verlieren wir alles, was wir haben.

12. Jede *Lebensphase* hat ihre *eigenen* Schwierigkeiten und ihre *eigenen* Möglichkeiten. Jede Phase hat daher ihren *eigenen* Wert.
Keine ist „besser" als die andere, keine birgt mehr Glück in sich und keine mehr Unglück, weil nie die Zeit, sondern nur die *Einstellung* zu ihr darüber entscheidet, wer man ist und wie man lebt.

EXKURS:
DIE VIER ENTWICKLUNGSSTUFEN DES MENSCHEN [12]

1. KINDHEIT UND JUGEND - FRÜHLING DES LEBENS - ENTWICKLUNG DER ANLAGEN
   1. - 21. Lebensjahr

(Die folgenden Entwicklungsstufen sind *idealtypische* Beschreibungen):
Entwicklung von Körper, Sprache, Ich, Vorstellungskraft - Entdeckung und „Inbesitznahme" der Welt - Entwicklung der sinnlichen Wahrnehmung, Gestaltung der Grundlagen der Temperamente - Entwicklung des Ästhetischen, der Gedächtniskraft - Erwachen der Interessen - Informationsaufnahme - Ziele und Vorbilder werden wichtig - intellektuelles Lernen und praktische Tätigkeit setzen ein - Aufgaben werden übernommen - Gruppen werden gebildet - geistige Abenteuer werden gesucht - Diskussionsfreudigkeit entwickelt sich.

2. (FRÜHE) LEBENSMITTE - SOMMER DES LEBENS - SEELISCHE ENTWICKLUNGSPHASE
   21. - 42. Lebensjahr

Suche nach Selbstbestimmung - Berufsabschluß, Familiengründung, neues Verhältnis zu Eltern und Vorfahren - Denken wird geordneter, Verhältnis zur Triebwelt gelas-

---

[12] Siehe dazu: Manfred Freiherr v. Ungern-Sternberg: Die Lebensalter in Krisen und Krankheit, in: Magazin der Gesundheit, forum aktuell, Bremen 1987, S. 32 ff.

sener, Gemütsbildung vertieft sich - stärkeres soziales Verhalten, Begegnung mit dem Werk eines „Meisters"- Identitätsfindung - berufliche und materielle Sicherung werden wichtig, eigenes Können wird auch für andere wichtig - Rückblicke und Vorblicke auf den Lebenslauf - schöpferische Tätigkeit beginnt - Selbst- und Welterkenntnis erweitern sich.

3. (SPÄTE) LEBENSMITTE - HERBST DES LEBENS
GEISTIGE ENTWICKLUNGSPAHSE
42. bis 63. Lebensjahr

Durch erweiterte seelische Beziehung zur Welt entsteht geistige Selbständigkeit, Errungenes wird fruchtbar gemacht - bewußtes soziales Wirken, Interesse an anderen und die Fähigkeit, sich auf sie einzustellen, vertieft sich - Übernahme von Verantwortung und neuer Aufgaben - neuer Lebensstil, neue Richtung der Wunschwelt - Forderung stellt sich, das Lebenswerk zu überschauen und zu bejahen, Vergeistigung des Leiblichen.

4. ALTER - WINTER DES LEBENS - ZEIT DER ERFAHRUNGEN
63. Lebensjahr bis zum Tod

Bejahung des Schicksals - Nachholen geistiger Versäumnisse - Fähigkeit, sich Neuem zuzuwenden - sachliche und menschliche Interessen werden aufeinander abgestimmt - menschliche Verantwortung steht im Vordergrund (nicht z.B. das Ökonomische oder die Geltung) - Erfahrung und Einstellung sind bei anderen gefragt - Sorglosigkeit im Blick auf das eigene Werk - Fähigkeit zur Liebe und Friedensbildung.

13. Fast jede *Krise* kann eine Gunst sein. Denn: „Was Geist ist, erfaßt nur der Bedrängte“ [13] .
Fast jede Krise ist das Fieber der Seele, die ihren Sinn nicht hinreichend fühlt und deshalb sinnvolles Leben will. Sie ist Aus-Druck von ungelebtem Leben, das darauf wartet, aus-gelebt zu werden.
Fast jede Krise ist eine *Herausforderung* zum Leben. In *jeder* Krise *kann* ein Mensch erfahren, daß er „mehr“ ist als sein Problem.

> *Als der Vogel der Hoffnung von seinem Höhenflug nach Hause kam und seinen bedrückten Geschwistern freudig das Licht vom aufgehenden Licht singen wollte, verboten sie ihm den Schnabel. Sie hatten gerade beschlossen, dem Vogel der Angst Gehör zu schenken. Der Grund? Sie hielten ihn für erfahrener* [14].

14. Die Vergangenheit prägt den Menschen, die *Hoffnung* zieht ihn in *neue* Erfahrungen. Wer hofft, will leben. Wer hofft, sieht im Leben Werte.
Es gibt *zwei* Formen von Hoffnung: die eine bezieht sich auf etwas Bestimmtes, die andere auf Unbestimmtes.
Wer auf etwas *Bestimmtes* hofft, hofft z.B. auf die Wiederkehr des geliebten Menschen, auf die Überwindung der Krankheit, auf die Beendigung des Krieges. Die konkrete Form der Hoffnung zielt in die Welt der Wünsche, hat

---

[13] Hugo von Hofmannsthal: Buch der Freunde, Frankfurt a.M., S. 45.
[14] In: Uwe Böschemeyer, Zu den Quellen des Lebens, Meditationen für den neuen Tag, Lahr 1995, 21. Januar.

auswechselbare Ziele und kann deshalb enttäuscht werden.
Die größere Hoffnung richtet sich auf nichts Konkretes. Sie richtet sich auf *Unbestimmtes*. Die größere Hoffnung erfüllt sich nicht im schmalen Land der Vor-Stellungen und Wünsche. Sie überschreitet dessen enge Grenzen. Sie richtet sich auf Sinn. Und sie verzagt nicht gleich, wenn der Sinn sich noch verborgen hält.

15. „Der Mensch ... *'ist'* .. Person ... und *'wird'* Persönlichkeit“ [15].
„*Person*“ ist dasjenige im Menschen, das immer auch anders sein, sich anders einstellen und sich anders verhalten kann -, das nicht festgelegt, sondern frei ist und „weltoffen“.
„*Persönlichkeit*“ meint nicht ein Zusammenspiel bestimmter angeborener Eigenschaften, sondern das, was die *Person* aus sich gemacht, aus sich herausgelebt hat.

16. „*Persönlichkeitsbildung*“ hat eine doppelte Aufgabe:
- die Entwicklung und Weiterentwicklung der *natürlichen* Anlagen - und
- die Entwicklung und Weiterbildung der *geistigen* Potentiale.

Nur die Aus- und Weiterbildung von Natur *und* Geist wird der Einheit und Ganzheit des Menschen gerecht. Weil der Mensch Person bleibt, solange er lebt, endet die Herausforderung zur Persönlichkeitsbildung erst mit dem Tod.
Menschsein ist Herausforderung zur Menschwerdung.

---

[15] Viktor E. Frankl, Der leidende Mensch, Bern 1984, S. 204.

Ziel der Persönlichkeitsbildung ist die Erfahrung der Ganzheit, die nie erreicht, doch immer intendiert werden kann. „Ganz" geworden wäre der Mensch, der zu sich *selbst* gekommen wäre. Und zu sich selbst gekommen wäre er dann, wenn er *liebesfähig* geworden wäre.

17. Am Horizont jedes menschlichen Lebens wartet der *Tod.* Er ist die Bedingung der Möglichkeit von Sinnerfahrung. Denn nur weil unser Leben begrenzt ist, suchen wir sinnvolles Leben *in* der Zeit [16].
Für viele ist der Tod der schwarze Vater ihrer Angst. Deren Wurzeln liegen im *Leben.* Denn wer sein Leben nicht aus-gelebt hat, kann den Tod nicht akzeptieren.
Für andere ist der Tod, trotz seiner dunklen Fremdheit, das letzte Neue, das ein Mensch erfährt - und darum auch die letzte *neue* Hoffnung.

18. Die stärkste Hoffnung, die einhergeht mit den stärksten und sinn*vollsten* Gedanken und Gefühlen, erfährt ein Mensch im *„Grund" der Seele.* Im „Grund" der Seele, in der „Dimension der Tiefe", zeigen sich ihm Gestalten, die das Transzendente symbolisieren [17].
Je tiefer ein Mensch Ein-Sicht in diesen Grund gewinnt, desto mehr verdichtet sich ihm die Gewißheit, daß er mit dem Grund des *Lebens* verbunden - und dieser grenzenlos ist, grenzenlos und doch geordnet. Je vertrauter er mit dem Grund des Lebens wird, desto deutlicher fühlt er, daß

[16] Siehe dazu Viktor E. Frankl, Ärztliche Seelsorge, Wien 1966, 7. Aufl., S. 83.
[17] Siehe dazu: Uwe Böschemeyer, Dein Unbewußtes weiß mehr, als du denkst, Hamburg 1999, S. 97 ff.

dieser Grund ihm Halt gibt - und dieser Halt kein unpersönlicher ist.

19. Nicht die Ausbildung des Verstandes, sondern die *„Herzensbildung"* ist ein besonderer Wert. Herzensbildung ist - in Form und Inhalt - Ausdruck des Wohlwollens dem Leben gegenüber, gegenüber dem eigenen *und* dem des ganzen Lebens.

20. Den Wunsch, das eigene Leben zu verändern, haben viele. Doch nur *wenige* sind bereit, sich dafür einzusetzen. Die Erkenntnis, daß das Leben auch *anders* verlaufen könnte, haben viele. Doch nur wenige muten sich zu, den anderen Verlauf auch *selbst* zu bewirken.
Jede Befreiung zu einem glücklicheren Leben verlangt persönliche *Verantwortung*, also persönliche *Arbeit*. Doch manchmal ist es auch das „Leben" selbst, das Menschen verwöhnt, beglückt und befreit. Denn das „Leben" kennt - die für Menschen unverfügbare - Gnade.

> Die Märchen wissen mehr als die gängige Schulweisheit von den Zangsläufigkeiten des Unglücks und den Bedingungen des Glücks. Sie geben Auskunft über die wichtigen Spielregeln der tieferen Wirklichkeit. Zu den Hauptregeln gehört diese:
> Kein Prinz erobert seine Prinzessin ohne Entbehrungen, Bemühungen und Kampf. Hexen wollen ihn verführen, Verräter nehmen ihn gefangen, wilde Tiere trachten nach seinem Leben, Berge verschließen ihm den Weg. Diese und viele andere Hindernisse hat der Glückssucher zu überwinden. Und er überwindet sie und gelangt zum Ziel, wenn

er das eine, wonach ihn verlangt, unbedingt und also mit ganzem Herzen will [18].

PRAXIS

1. EINE GESCHICHTE ZUM NACH-DENKEN: FLIEG, ADLER, FLIEG!

Ein Vogelkundler entdeckte in einem Hühnerhof einen Adler, den sein Besitzer ein Huhn nannte, weil er ihn zu einem Huhn erzogen hatte. Der vogelkundige Mann widersprach ihm, und so beschlossen beide eine Probe.
Der Vogelkundler nahm den Adler, hob ihn in die Höhe und beschwor ihn: „Adler, der du ein Adler bist, breite deine Schwingen aus und fliege!" Doch der blickte dumpf umher, sah die Hühner Körner picken und sprang in den Hof zurück.
Am nächsten Tag wiederholte der Vogelkundler seinen Versuch, stieg mit dem Tier aufs Dach des Hauses und erinnerte ihn eindringlich an seine Herkunft, vergeblich.
Ein letztes Mal erlaubte der Hofbesitzer einen Versuch. Der vogelkundige Mann stieg mit dem Adler auf den Gipfel eines Berges, den die Sonne in gleißendes Licht getaucht hatte. Wieder hob er den Vogel hoch und sprach: „Adler, der du ein Adler bist, du gehörst dem Himmel und nicht der

---

[18] Uwe Böschemeyer, Zu den Quellen des Lebens, Meditationen für den neuen Tag, 8. März.

Erde. Breite deine Schwingen aus und fliege!" Bewegung ging durch den großen Leib, aber er flog nicht. Da streckte der Mann den Hals des Adlers in Richtung der Sonne - der Vogel breitete seine mächtigen Schwingen aus, erhob sich mit einem Schrei und flog der Sonne entgegen. (Nach einem afrikanischen Märchen)

2. SÄTZE ZUM NACH-DENKEN

- „Menschen sind stark, solange sie eine starke Idee vertreten; sie werden ohnmächtig, wenn sie sich ihr widersetzen"[19].
- „Leben heißt etwas Aufgegebenes erfüllen; und in dem Maße, wie wir es vermeiden, unser Leben an etwas zu setzen, entleeren wir es"[20].
- „Die wenigsten Leute haben auch nur einen Augenblick ihres Lebens wirklich gewollt, ebensowenig .. geliebt ..."[21].

3. FRAGEN ZUM NACH-DENKEN

- Sage ich zum Leben Ja, Jein oder Nein?
- Ahne ich, wer ich sein *könnte*?
- *Welchen* Wert möchte ich mehr als bisher leben (z.B. Mut, Liebe, Freiheit)?

---

[19] Sigmund Freud, Gesammelte Werke, Band X, S. 113, zitiert in: Viktor E. Frankl, Ärztliche Seelsorge, Grundlagen der Logotherapie und Existenzanalyse, Frankfurt a.M. 1987, 4. Aufl., S. 102.

[20] Ortega y Gasset, zitiert in: das Enneagramm der Weisheit, hrsg. von Marion Küstenmacher, München 1996, S. 322.

[21] Hugo von Hofmannsthal, Buch der Freunde, S. 11.

- Ich kann selbst auf mein Leben einwirken - kann ich das?

4. „ANWEISUNG" ZUR TAT

Wie richte ich meinen Geist so auf einen Wert aus, daß er für mich *lebendig* zu werden beginnt?
Beispiel: Befreiung von der Meinung anderer Menschen:

- *Bewußtwerdung* der Abhängigkeit von der Meinung anderer -
- *Erschütterung* und *Empörung* darüber zulassen -
- Bewußtwerdung der *Ursachen* dieser Abhängigkeit -
- Frage: Was wäre, wenn ich frei wäre von der Meinung anderer? 10 Minuten Einfälle und Assoziationen dazu kommen lassen -
- Über einen Zeitraum von 4 Wochen jeden Abend die Frage stellen: Von wem habe ich mich heute zu stark beein*drucken* lassen? Kurze Notizen darüber anfertigen. - Diese Abend -„Übung" sensibilisiert schon bald für die „Fallen" des Tages und schafft produktiven Widerstand gegen die Abhängigkeit.

2. FREI WERDEN VON BELASTENDER VERGANGENHEIT

VON DER WICHTIGSTEN VORAUSSETZUNG, GEGENWÄRTIG LEBEN ZU KÖNNEN

THEORIE

1. DIE MACHT DER ALTEN BILDER

Sie kennen das? Da kommen die Bilder der alten Zeit zurück. Sie haben sie nicht gerufen. Sie wollen sie gar nicht sehen, doch drängen sie sich Ihnen auf. Augenblicklich verändern sie Ihre Stimmung.
Diese Bilder dunkeln Ihre Seele ein, durchziehen Sie mit Schmerz, pressen und drücken Sie, lösen die alte Hilflosigkeit aus und die alte Trauer. Sie sehen die Menschen von damals wieder vor sich: ihre Gesichter, ihre Blicke, ihre Gebärden. Sie sehen, was sie tun. Sie hören ihre Stimmen, ihre Worte. Und Sie spüren, wie diese Bilder Sie in die alte Zeit zurückholen und noch immer Macht über Sie haben.
Sie gehen wieder durch die alten Räume. Sie stehen auf den alten Plätzen. Sie hören die alten Lieder. Sie fühlen, wie all das, was war, Ihnen wieder nahekommt. Es scheint, als gäbe es kein Entrinnen vor der Vergangenheit.

2. VERSÖHNUNG MIT DER VERGANGENHEIT IST VORAUSSETZUNG FÜR GELINGENDES LEBEN IN DER GEGENWART

Zu den schwierigsten, allerdings wichtigsten Aufgaben im

Leben gehört die Versöhnung mit dem, was war. Diese Aufgabe ist deshalb so wichtig, weil *existentielles* Leben Leben *in* der Zeit - und also die *Gegenwart* der „Ort“ ist, an dem der Mensch existiert. Deshalb gibt unsere Seele keine Ruhe, bis wir uns mit den alten Verletzungen, Aggressionen, Traurigkeiten, Enttäuschungen, unerfüllten Wünschen, Sehnsüchten, bis wir uns mit all dem, was unerledigt geblieben ist, auseinandergesetzt haben.
Niemand kann gegenwärtig leben, der zu dem, was er an Schwerem zurückgelassen hat, nicht *Stellung bezogen* hat. Darum ist die Versöhnung mit dem alten Leben eine hauptsächliche Voraussetzung für Sinnfindung hier und jetzt.
Warum ist das so?
Das ist so, weil das Bewußtsein ein anderes Zeitgefühl hat als das Unbewußte. Das Bewußtsein ist gegenwärtig orientiert, das Unbewußte dagegen umspannt Gegenwart und Vergangenheit und (manchmal auch) Zukünftiges. Zwar sind die vergangenen *Ereignisse,* die das Leben eindunkelten, in dem Moment, in dem sie geschahen, wieder vergangen. Die mit den Ereignissen verbundenen *Gefühle* aber bleiben so lange gegenwärtig, bis wir uns persönlich mit ihnen auseinandergesetzt haben. Die Seele verlangt nach innerer Ordnung, und zu dieser Ordnung gehört, daß ein Mensch so wenig wie möglich auf seinem Weg durchs Leben ungeordnet liegen lassen darf.
Nein, das Unbewußte vergißt nichts. Das ist beglückend im Blick auf alle kostbaren Stunden, die ein Mensch erlebt hat -, eine Bedrohung allerdings für jeden, der sich von dem, was in der alten Zeit für ihn zu schwer war, nicht verabschiedet hat.

3. IST VERSÖHNUNG MIT DEM ALTEN LEBEN MÖGLICH?

Zeigen aber nicht zahllose Schicksale, daß man von seinen alten Verletzungen offensichtlich *nicht* loskommen kann? Gehört nicht gerade das zum gesicherten Wissen, daß ein Mensch in Kindheit und Jugend *entscheidend* geprägt wird? Und zeigt nicht die Erfahrung, daß Menschen selbst in späteren Jahren sich von ihren Verletzungen noch immer nicht erholt haben?
Dies gilt, sofern die vergangenen Verletzungen in der Seele *zurückbleiben* und eine Auseinandersetzung mit ihnen nicht erfolgt. Es gilt nicht, *wenn* sie stattfindet.
Zweifellos bleiben Narben zurück, zweifellos können Narben wieder einmal schmerzen. Bestimmt gibt es Stunden im Leben, deren Schatten bis zum Tod reichen. Und doch: Vielen Menschen *ist* es möglich, sich von dem, was war, so zu verabschieden, daß sie weithin gegenwärtig leben können.

4. WIDERSTÄNDE GEGEN DAS VERGANGENE LOSLASSEN

Die Sehnsucht des Menschen, sich in die Gegenwart einlassen zu können, ist groß, nicht weniger groß jedoch auch der *Widerstand* gegen das Loslassen des Vergangenen. Eine allgemeine Ursache dafür liegt in der merkwürdigen Tatsache, daß die seelische Lebenskraft „eine bedeutende *Trägheit* (besitzt)" (C.G. Jung) und das Vergangene nicht loslassen, sondern festhalten möchte. Die Ursache dieser Trägheit wiederum liegt einerseits in der polaren Struktur des Lebens und der mit ihr verbundenen

selbstaggressiven Tendenz, andererseits in der dem Menschen „ureigenen Erinnerung an das lost paradise“ (C.G. Jung).
Darüber hinaus aber gibt es eine Reihe spezifischer Ursachen und Gründe, die die Versöhnung mit dem alten Leben behindern. Die Widerstände, die ich Ihnen vorstellen möchte, haben sich mir in der Praxis gezeigt. Sollten Sie sich für diese „Liste“ interessieren, wäre es gut, wenn Sie sich beim Nach-Denken über den einen oder anderen Punkt Zeit ließen.

Kann es sein, daß ich von der Vergangenheit nicht loskomme,

- weil ich meine, da wären zuviele verlorene Jahre, um neu beginnen zu können?
- weil ich meine, ich könnte „sowieso“ nichts mehr ändern?
- weil ich meine, ich dürfte „das alles“, was so schwer war, nicht vergessen?
- weil sich meine Erwartungen von damals (an die Eltern oder andere) noch immer nicht erfüllt haben?
- weil ich noch immer darauf warte, das zu bekommen, was andere, z.B. die Geschwister, bekommen haben?
- weil ich noch immer darauf warte, daß sich z.B. Vater oder Mutter, Mann oder Frau, Freund oder Berufskollegin verändern?
- weil ich Menschen von damals nicht aus ihrer Verantwortung für den Verlauf meines Lebens entlassen will?

- weil ich auf meine Anklage/meine Rachegefühle nicht verzichten will?
- weil ich mit meinem Unglücklichsein meine Eltern strafen will?
- weil ich ein Alibi für mein nicht gelungenes Leben brauche?
- weil ich die Verantwortung für mein heutiges Leben nicht übernehmen will?
- weil ich vom Leben beleidigt bin und deshalb kein neues „Spiel" mehr will?
- weil ich von der Süße der Bitterkeit der Erfahrungen nicht lassen kann?
- weil ich noch nicht mein tragisches Gebaren durchschaut habe?
- weil ich mein ganzes Leben hasse?
- weil ich mich noch immer schuldig fühle und meine, die alte Schuld sühnen zu müssen?
- weil ich mich in einem größeren Schuldzusammenhang sehe, aus dem es kein Entrinnen zu geben scheint?
- weil ich überhaupt Mühe habe, Altes loszulassen, da meine Gedanken an allem zu lange haften?

5. WAS WÄRE, WENN WIR DIE VERGANGENHEIT SEIN LASSEN KÖNNTEN?

Wir lebten nicht in *verschiedenen* Zeiten. Wir lebten hier und jetzt und nutzten die Gunst der Stunde. Wir nutzten die vorhandenen Möglichkeiten.
Wir wären geistesgegenwärtig. Wir wären gesammelt. Wir wären bei der Sache. Wir wären nicht gespalten. Wir wären mit uns eins. Wir wären bei uns selbst. Wir

könnten zu uns stehen. Wir wären frei für unser Leben. Wir lebten in der Zeit.

6. TYPOLOGISCHE UNTERSCHIEDE IM UMGANG MIT DER VERGANGENHEIT

Die - nach dem Enneagramm - neun unterschiedlichen „Typen“ [22] haben eine unterschiedliche Beziehung zu den alten Verletzungen. Es ist wichtig, sie zu kennen (Die folgenden Hinweise beziehen sich selbstverständlich nicht auf *gereifte* Persönlichkeiten):

- Der *Reformer* haftet stark am alten Leid, weil es in ihm Schuldgefühle auslöst, von denen er sich nicht leicht befreien kann.
- Der *Helfer* ängstigt sich vor dunklen Erinnerungen, weil er sich seinen Aggressionen nicht stellen möchte.
- Der *Erfolgsmensch* hat die Tendenz, das Dunkle zu leugnen, weil es sein Selbstbild stören könnte.
- Der *Romantiker* ist offen für das Schwere, das er erlebte, denn er hat Verlangen nach Selbsterkenntnis.
- Der *Beobachter* ist interessiert an der Aufklärung früherer Zusammenhänge, weil es sein Wissen mehren könnte.
- Der *Loyale* fürchtet sich vor der Auseinandersetzung mit dem früheren Leben, weil er sich selbst zu wenig kennt.

[22] Siehe den Abschnitt: Wer ist der Mensch, Theorie, Punkt 2.

- Der *Glückssucher* möchte die Begegnung mit den alten Schmerzen vermeiden, weil sie sein gegenwärtiges Lustempfinden stören würden.
- Der *Starke* will wissen, was war. Er fühlt sich stark genug, sich dem, was geschehen ist, zu stellen.
- Der *Ursprüngliche* ist offen für die Einsichten in seine eigene Entwicklung, so wie er offen ist für alles Frühere.

PRAXIS

1. WEGE, DAS VERGANGENE SEIN LASSEN ZU KÖNNEN

1.1. Erzählen Sie einem *vertrauten, hörfähigen und verschwiegenen* Menschen die ganze Geschichte Ihres Lebens! Klagen Sie sich aus, weinen Sie sich aus, empören Sie sich über das, was war - und *beziehen Sie Stellung* zu allem! Stellung beziehen heißt, mit den Augen von *heute* das alte Schwere noch einmal zu bedenken, zu befühlen und es in den Gesamtzusammenhang des Lebens einzuordnen.

1.2. Wenn Sie sich allein mit der alten Zeit auseinandersetzen wollen, können Ihnen folgende Anregungen die Arbeit erleichtern:

- Das, was *andere* mir an Schwerem zugefügt haben:

  Worte, die mich besonders verletzten -

Ereignisse, die mein Leben veränderten, ohne daß ich es wollte ... -
Da kommt Ärger auf, Groll, Wut, Haß - Wehmut, Sehnsucht, ziehender Schmerz, wenn ich nur daran denke ... -
Da waren Menschen, die mir übel mitgespielt haben ... -
Wie waren die Zeiten, in denen „das alles" geschah -, wie entwickelte sich „das alles"?
Worüber kann ich noch immer nicht reden?
Was war das Schwerste - damals?
Was ist noch immer das Schwerste - aus heutiger Sicht?

- Das, was ich mir *selbst* zugefügt habe:

Hätte ich mich ihr/ihm/ihnen gegenüber nicht besser zur Wehr setzen können? -
Habe ich jene Entwicklung, die mein Leben so radikal veränderte, nicht kommen sehen? Hätte ich das, was mein Leben in jene unselige Richtung lenkte, unter *keinen* Umständen verhindern können? -
Verstehe ich heute, warum ich damals „diese" Entscheidung traf - war es schicksalhaft notwendig, daß ich „jenen" Weg ging? Kann es sein, daß ich doch *mehr* Initiative hätte ergreifen sollen, als die anderen mich drängten? -
Ich war damals zu schwach - *zu* schwach? -

Vater/Mutter/ der Partner/die Partnerin/ die großen Kinder etc. haben schwere Fehler gemacht.

Ob *diese* Fehler mein Leben bestimmt haben? So gering war meine Entschlossenheit, den *eigenen* Weg zu gehen? Habe ich den Sinn für *mich* gesucht? Mit ganzem Herzen? -
Vielleicht aber konnte ich wirklich nicht anders, als den alten Spuren zu folgen ... -
Was überwiegt in mir, wenn ich an die alten Zeiten denke: das Helle oder das Dunkle?

- Das, was mir vom Leben *zuteil* wurde:

Fallen mir fünf erfreuliche Dinge/Ereignisse/Erlebnisse aus der Vergangenheit ein? -
Wenn ich an die alten Liebhabereien denke ... -
Manchmal hatte ich Glück ... -
Da waren Menschen, die gut zu mir waren ... -
Mutter/Vater/mein Mann/ meine Frau hat auch die eine oder andere liebenswerte Seite gehabt ... -
Es gab eine Zeit, die war besonders schön ... -

- Das, was an Gutem durch mich *selbst* kam:

Ja, ich habe einige wichtige und richtige Entscheidung getroffen ... -
Manchmal habe ich meine Kraft gespürt ... -
Ich hatte einmal eine Zeit, da machte ich keine Kompromisse ... -
Ich hatte einmal eine Zeit, da vertraute ich mir selbst ... -
Ich hatte einmal eine Zeit, da wußte ich, was Freiheit ist ... -
Ich hatte einmal eine Zeit, da konnte ich lieben ...

Es ist so wichtig, sich auch der *starken* und *guten* Zeiten von einst bewußt zu werden! Denn nur dann, wenn wir uns *auch* an die sinn-vollen Tage erinnern, erhält das Belastende seinen angemessenen Stellenwert im Gesamtzusammenhang der Lebensgeschichte.

Ein berühmter Clown wurde einmal von einem Journalisten auf seine großen Verluste im Leben - Menschen und Besitz - angesprochen: „Sind Sie nicht verbittert?“ „Nein. Wie kommen Sie darauf?“ „Weil Ihnen doch alles, was Ihnen lieb und teuer war, abhanden gekommen ist.“ Daraufhin wurden dem alten Mann die Augen ganz weit, und er sagte, noch immer über die Frage staunend: „Das hab' ich doch gehabt“, - und noch einmal, um ja nicht dieses kostbare Wissen ungehört zu lassen: „Das hab' ich doch gehabt.“

1.3. *Manchmal* läßt sich das Schwere auch *über-leben* - durch sinnvolles Leben in der Gegenwart. Deshalb die Frage: Was betrachten Sie *heute* als Hauptsache in Ihrem Leben? Die Hauptsache ist das, was Sie an die Spitze Ihrer Wertehierarchie setzen.
Ist das, was Sie als Hauptsache erkennen, das, wonach Sie Ihr Leben auch hauptsächlich *ausrichten*?
Wer die von ihm gewünschte Hauptsache, also das Wesentliche und Wichtige, tatsächlich *lebt*, macht möglicherweise die Erfahrung, daß die dunklen Erinnerungen im Lauf der Zeit verblassen.

1.4. Abstand zur alten, belasteten Zeit gewinnen Sie vielleicht auch dadurch, daß Sie Ihren Lebensfluß malen

(z.B. auf einer längeren, tapetenartigen Fläche). Sie werden Ihr „Werk“ nicht ohne Stolz betrachten, weil sich das Gefühl einstellen wird, daß dieser Lebenslauf mit keinem anderen vergleichbar ist. Das jedenfalls berichten die, die sich auf diesen Vorschlag einlassen.

1.5. Für den *therapeutischen* Bereich empfiehlt sich Traumarbeit, vor allem aber die wertorientierte Imagination[23].

2. FRAGEN ZUM NACH-DENKEN

- Was würde ich immer wieder - was würde ich heute anders machen?
- Weiß ich, was sich *unter keinen Umständen* wiederholen sollte?
- Weiß ich, worauf ich mich *nie mehr* einlassen werde?
- Weiß ich, was ich heute, anders als in der Vergangenheit, *pflegen* sollte?
- Weiß ich, ob das Schwere, das ich erlebte - ob selbstverschuldet oder nicht - mir nur zum Nachteil geriet?
- Ob das Glück, das ich erlebte, sich vielleicht nur deshalb einstellte, weil das Schwere nach Ausgleich verlangte?
- Ahne ich, was es bedeutet, daß die Vergangenheit, wie immer sie war, *mir* gehört?

[23] Siehe den folgenden Exkurs.

EXKURS: „WERTORIENTIERTE IMAGINATION“ [24]

Da die von mir entwickelte „wertorientierte Imagination“ zu den wichtigsten Elementen meiner therapeutischen Arbeit gehört und sich mir durch sie viel erschlossen hat, was auch in dieses Buch eingeflossen ist - z.B., daß die im Enneagramm beschriebenen neun Strukturen alles andere als ein esoterisches Kunstprodukt sind, sondern reale Abbildungen seelischer Strukturen -, möchte ich sie Ihnen - in der gebotenen Kürze - vorstellen.

Wertorientierte Imaginationen sind behutsam geführte Gespräche zwischen dem Imaginierenden und seinem Begleiter auf „Wanderungen“ durch die innere (unbewußte) Welt, die der Imaginierende *bewußt* erlebt.
Imaginationen dieser Art sind „Wanderungen“ zu bestimmten Zielen, im besonderen zu Werten, z.B. zum Mut, zur Freiheit, zur Versöhnung., also zu den Quellen der Wertgefühle, die im „unbewußten Geist“ (Frankl) zu finden sind.
Die innere Welt zeigt sich in Symbolen. Die Symbol-Bilder (imago, lat. = das Bild) sind die „Gesichter“ der Gefühlskräfte, der bedrohlichen ebenso wie der beglükkenden, der sinnverweigernden ebenso wie der sinnstiftenden. Sie sind zugleich die „Brücke“ zwischen der unbewußten und der bewußten Welt.
Die inneren Bilder zeigen, warum ein Mensch Probleme hat und wie sie „im Grunde“ aussehen. Sie zeigen ihm *auch*, wie die Werte, die auf Verwirklichung warten, „im

[24] Siehe dazu: Uwe Böschemeyer, Das Unbewußte weiß mehr, als du denkst - Imagination als Weg zum Sinn, Hamburg 2000, 2. Aufl.

Grunde“ aussehen. Von besonderer Bedeutung aber ist, daß ein Mensch in der Imagination die Werte weit stärker fühlt als dann, wenn er lediglich über sie nachdenkt. Warum ist das so?

Die Bilder sind farbig, plastisch und gefühl-voll, so daß der Imaginierende seinen unbewußten Vorgängen so nahekommt, daß er von ihnen zur *Stellungnahme* herausgefordert wird: zu den *Barrieren* auf seinem Weg zu den Werten und *im besonderen* zu den verwirklichenden Sinn-Bildern selbst. Fast immer erscheinen die Werte dem Klienten höchst attraktiv, sofern er sich ausreichend mit den Barrieren auseinandergesetzt hat.

In der Regel gelingt es nach einer Reihe wertorientierter Imaginationen mit ähnlichen Zielen, den intendierten Wert auch ins konkrete Leben zu übersetzen.

Statt weiterer Theorie möchte ich Ihnen ein Beispiel schildern. Ein Mann mittlerer Jahre hatte seit vielen Jahren darunter gelitten, daß er nicht wußte, wer sein Vater gewesen war. Alle Ermittlungen waren gescheitert. Zurückgeblieben waren lediglich Ahnungen, Vermutungen und ein erhebliches Maß an Wut gegenüber seiner Altfamilie. Nach mehreren wertorientierten Imaginationen kam das Problem nach der „Wanderung“ zum „Ort der Versöhnung“ zur Ruhe:

> Er sieht einen großen Strom. In der Mitte des Gewässers erkennt er ein kleines „Korbboot“ [25]. Nach genauem Hinschauen nimmt er ein kleines

---

[25] Siehe dazu 2. Buch Mose, Kapitel 2: das Kind Mose, das in ein Binsenkästchen gelegt und von der Mutter am Nilufer im Schilf ausgesetzt wurde.

Kind wahr, das mutterseelenallein in dem Boot sitzt. Er ist entsetzt. „Wie kann man dieses Kind nur so alleinlassen?“ höre ich ihn sagen.
Da in wertorientierten Imaginationen nicht physikalisch gedacht wird, bitte ich ihn, auf das Kind „zuzugehen“. Das tut er, weiß aber noch immer nicht, mit wem er es zu tun hat. Da streckt der Junge die Ärmchen aus. „Nach wem?“ frage ich ihn. Die Frage erstaunt ihn. Er braucht Zeit, bevor er begreift, daß das Kind ihn meint.
Dann erkennt er sich, sein „inneres Kind “ (sein verinnerlichtes, zum Bild gewordenes Kindheitsgefühl) und nimmt sich seiner selbst an - innerlich und äußerlich. Dann weint er lange, weint den Schmerz aus sich heraus, den er viel zu lange mit sich durchs Leben getragen hat.

Auch in der „wertorientierten Persönlichkeitsbildung“ ist die „wertorientierte Imagination“ für mich unverzichtbar. Anders jedoch als in der therapeutischen Arbeit gilt die Konzentration in diesem Bereich - ich habe dafür Kurzformen entwickelt - primär den Werten [26].

---

[26] Siehe dazu z.B.: S. 109, 111, 193, 239

3. ELTERN SIND NICHT AN ALLEM SCHULD

VON DER MÖGLICHKEIT DER SELBST-VERANTWORTUNG

THEORIE

DIE LEGENDE VON DER ALLVERANTWORTLICHKEIT DER ELTERN

Es scheint so, als werde auch in dieser Zeit die Legende von der Allverantwortlichkeit der Eltern für die Schwierigkeiten und Probleme ihrer großgewordenen Kinder noch immer wie kaum eine andere gepflegt. Ich kann diese Legende nicht mehr hören! Sie ist falsch, inhuman, frei von jeder Einsicht in anthropologische Zusammenhänge, arm an typologischen und tiefenpsychologischen bzw. tiefennoologischen [27] Erfahrungen. Darüber hinaus ist sie eine Quelle der Spaltung vieler Familien, durchweinter Nächte älterer Menschen und vor allem - eine massive Blockade auf dem Weg zur Reifung der jungeren.

> *Soeben ist er gegangen. Ohne Gruß. Er hat die Tür hinter sich zugeschlagen. „Ich will nichts mehr mit Euch zu tun haben," hat er gesagt, leise, drohend, erschreckend kalt. Die Mutter hat ihn gebeten, zum Abendessen zu bleiben, doch der Sohn hat den Satz mit einer unwirschen Handbewegung weggewischt.*

---

[27] Gemeint ist damit der Bereich des „unbewußten Geistes".

Der Vater steht am Fenster, sieht irgendwohin. Er denkt nichts, fühlt nichts, ist wie betäubt. Da ist keine Wut, keine fühlbare Trauer, nur Ohnmacht, vielleicht eine Spur Bitterkeit. Die Mutter sitzt auf der vorderen Kante des Sessels, die Hände verkrampft, den Kopf gesenkt. Leise weint sie vor sich hin.
Es ist nicht das erste Mal, daß die beiden mit ihrem Ältesten Streit haben. Dieses Mal jedoch scheint es, als machte er wahr, was er gesagt hat. Worum ging es?
Um alte Vorwürfe. Bernd hatte sie oft geäußert. Es ging darum, daß der Vater für ihn zuwenig Zeit gehabt hatte, daß er zu autoritär gewesen war, daß er die ersten Freundinnen nicht akzeptiert und daß er ihn gezwungen hatte, die Schule bis zum Abitur durchzuhalten etc. Auch darum, daß sich die Mutter in den Auseinandersetzungen hinter dem Vater versteckt und sich Mann und Sohn gegenüber unterschiedlich geäußert hatte, daß sie zuwenig zärtlich zu ihm gewesen und auch sie den Freundinnen gegenüber nicht freundlich genug gewesen war.
Wieviele Gespräche hatte es zwischen den Eltern und dem Sohn gegeben! Zunächst hatten sie sich wenig von ihrem „Sprößling“ sagen lassen. „Unglaublich“ hatte der Vater dessen Vorwürfe genannt und „unverschämt“. Die Mutter hatte Bernd wegen ihrer „weinerlichen Tour“ nichts als Schuldgefühle „gemacht“. Irgendwann hatte er psychologisches Wissen durchblicken lassen, und darüber war der Vater besonders erbost gewesen.

Dann kam die Zeit, in der sich beide Eltern zu fragen begannen, ob denn alles, was der Sohn ihnen vorwarf, falsch sei. Sie sprachen auch mit Freunden darüber. Und was sie mühsam einzusehen begannen, sagten sie ihm, auch wenn ihnen diese „Bekenntnisse" nicht gerade leicht fielen. Er lenkte nicht ein.
Irgendwann teilte er ihnen mit - dabei wirkte sein Gesicht so leidvoll nicht - , er sei in Therapie. Er habe aufzuarbeiten, was sie an ihm versäumt hätten. Von dieser Zeit an waren die Gespräche mit Bernd überwiegend einseitig. Er klagte an, die Eltern entgegneten wenig. Sie fanden keine Worte mehr, die ihn berühren konnten.

Was hier geschildert wird, ist ein Ausschnitt aus zahllosen Dramen, die überall dort spielen, wo die Legende von der Allverantwortlichkeit noch immer die Beziehungen zwischen erwachsenen Kindern und deren Eltern bestimmt.
Warum diese Legende nicht aufrechtzuerhalten ist, will ich in 3 Abschnitten darlegen.

1. SELBST ELTERN SIND DEM GESETZ DER POLARITÄT UNTERWORFEN

Zu den schwer verständlichen Dingen im Leben gehört die Tatsache, daß Eltern von ihren erwachsenen Kindern häufig so beurteilt werden, als ob sie dem Gesetz der Polarität enthoben -, als ob nicht auch sie dem Spannungsfeld zwischen den Polen des Daseins ausgesetzt wären. Dabei ist alles Leben in dieser Welt vom Wechselspiel polarer Strukturen bestimmt. Sehen können wir es überall: Es gibt Tag und Nacht, Geburt und Tod, Natur und Geist,

Mann und Frau, Liebe und Haß, Scheitern und Gelingen etc. Diese Grundstruktur des Lebens ist kein Aspekt einer bestimmten Weltanschauung, sondern eine leicht nachvollziehbare reale Tatsache. Doch wieviele Lebensprobleme resultieren gerade aus dem Mißverstehen dieses Grundgesetzes! Und wieviele Nöte stellten sich uns anders dar, wenn uns deutlich wäre, daß jeweils beide Seiten des Daseins ins Leben gehören, ob wir's wollen oder nicht, und daß nur der sinnvolles Leben erfährt, der nicht nur dessen helle Seite gelten läßt.
Selbstverständlich unterliegen auch Eltern diesem Gesetz. Und warum wird gerade diese Gegebenheit so wenig akzeptiert?
Ein wesentlicher Grund dafür liegt m.E. - neben den hinreichend bekannten Gründen - in der tiefenpsychologischen Sicht der herausragenden Bedeutung der Eltern für das Wohl und Wehe der Kinder. Diese These wirkte zunächst, nachdem sie sich unter leidenden Menschen herumgesprochen hatte - oft vulgär mißdeutet! - äußerst befreiend. Denn kaum etwas scheint befreiender zu sein als die Möglichkeit, eigenes Versagen oder Scheitern *anderen* anzulasten. Wie bedrängend dagegen Eigenverantwortlichkeit sein kann, hat überscharf Thomas Mann in seinem Satz zum Ausdruck gebracht, das Schlimmste am Tod sei, daß man niemanden dafür verantwortlich machen könne.
Ja, auch Eltern versagen manchmal, scheitern manchmal, finden manchmal nicht das richtige Wort, treffen manchmal die falsche Entscheidung, lieben manchmal nicht genug. Das ist so. Das bleibt so. Das ist eine Realität, die wir uns nicht ausgesucht haben. Dagegen ist kein geistiges Kraut gewachsen. Weil das so ist, bedarf diese banale Tatsache einer neuen *fühlbaren* Bewußtwerdung in dieser

Zeit. Und deshalb bedeutet diese Tatsache zu verkennen nicht nur Realitätsferne, nicht nur gravierenden Mangel an Einsicht in die elementaren Gesetze des Daseins, sondern auch die Bedingung der Möglichkeit tiefer Störungen: von Streit, Wut, Haß, Trennung, Vereinsamung, von Blockaden auf dem Weg zur Weiterentwicklung - für Eltern und Kinder.

2. ZU WENIG BEACHTET: DER MENSCH HAT AUCH EINEN TYPUS

Im besonderen die Typologie des Enneagramms [28] kann Menschen von unnötigen Schuldgefühlen, unangemessenen Beschuldigungen anderer, druckmachender Selbst-Erwartung und krankmachender Erwartung an andere befreien. Darüber hinaus kann sie ein vertieftes Verständnis für die Eltern-Kinder-Beziehung wecken.
Durch Zufall entdeckte ich, daß Imaginierende, die zu einem bestimmten Typus gehören, neben den gattungsbedingten und individuellen Bildern auch eine typische Bildwelt zu haben schienen. Daraufhin untersuchte ich dieses Phänomen in vielen hundert weiteren Imaginationen - mit dem Ergebnis, daß sich in der Tat jeder Typus im Unbewußten in spezifischen Bildern zeigt. (Inzwischen haben viele Fachkollegen diese Tatsache in eigenen Imaginationen mit Staunen zur Kenntnis genommen).

Ein weiterer Fund - auch er ist inzwischen durch viele hundert Imaginationen belegt - ist dieser:

---

[28] Siehe dazu den Abschnitt: Wer ist der Mensch, Theorie, Punkt 2.

Jedem Typus liegt ein ihm entsprechendes Bildmaterial zugrunde, das an seinem Negativpol die jeweilige Grundproblematik symbolisiert. Dabei handelt es sich um Symbole, die den Bereich des persönlich Unbewußten, also den der persönlichen Erfahrungen, eindeutig *überschreiten*. Zwei Beispiele:

> Der zur Aggression neigende *Reformer* begegnet in der „Tiefe" immer wieder seinem inneren „Staatsanwalt". Diese Gestalt wirkt auf den Imaginierenden äußerst streng, moralistisch, anklagend, verurteilend, kleinmachend, überfordernd. In aller Regel wirkt diese Figur äußerlich mächtig, furchterregend, drohend, keinen Zweifel zulassend, wer der Stärkere sei.

> Der *Beobachter*, jener Mensch, der dazu neigt, viel Distanz zu anderen zu schaffen, der sich nicht zu erkennen gibt und sich daher zuwenig dem Leben aussetzt, begegnet in der „Tiefe" seiner inneren Leere. In der Regel ist jener „Ort der Leere" ein Raum ohne Begrenzung, ohne Mitte, ohne Menschen, ohne irgendeinen Gegenstand. An diesem Ort erfährt der Imaginierende in verdichteter Weise seine Ich-Einsamkeit, sein Getrenntsein von Lebendigem, seine Beziehungslosigkeit.

Diese Befunde, die ich hier nur andeuten kann, sind der Erfahrung nach nicht nur für die therapeutische und beraterische Arbeit bedeutsam - sie lassen allgemein Rückschlüsse auf die Eltern-Kind-Beziehung zu:

1. Jeder Mensch hat einen bestimmten Typus, an dessen

Negativpol sich ein bestimmtes problematisches Bildmaterial zeigt und dessen Entstehung *jenseits* aller Erfahrung anzusiedeln, m.a.W. ihm in die Wiege gelegt worden ist. Diese problematischen Bilder üben Macht aus, und solange sie unbewußt sind, bleiben sie mächtig und sind daher kaum dem eigenen Einfluß zugänglich. Sie schränken nicht nur den „guten Willen" der Kinder, sondern auch den der Eltern ein.

2. Besonders schwierig kann eine Beziehung zwischen Eltern und Kindern dann sein, wenn beide die gleiche typologisch bedingte Grundproblematik haben und sich deshalb das eigene Versagen in dem des anderen spiegelt - oder dann, wenn sie einander typologisch sehr „fremd" sind und deshalb die Grundproblematik des anderen schwer einfühlbar ist.

3. Was folgt daraus? Viele Schwierigkeiten in der Beziehung zwischen Kindern und Eltern haben nicht primär mit Lieblosigkeit, mangelndem Engagement, Dummheit oder gar Boshaftigkeit zu tun, sondern sind die Folge mangelnder Kenntnis vom Wesen des Typus, des eigenen und dem des anderen - und sind daher eher schicksalhaft zu nennen.

EXKURS

Nun hat jeder Typus nicht nur ein bestimmtes Bildmaterial an seinem „Negativpol", sondern auch am „Pluspol". Dazu wieder Beispiele zu den oben angedeuteten „Typen":

> Hat sich der *Reformer* mit seiner aggressiven Grundproblematik hinreichend auseinandergesetzt, zeigt sich ihm in der Imagination eine gänzlich andere Gestalt. Sie ist äußerlich weder mächtig noch imposant. Sie wirkt eher bescheiden, gelassen, geduldig, zulassend, gütig, liebevoll,

und sie vermittelt dem Imaginierenden das Gefühl, *sein* zu dürfen, wie er ist.

Hat sich der *Beobachter* mit seiner Grundproblematik, der inneren Leere, hinreichend auseinandergesetzt, entwickeln sich auch in ihm gegenpolige Bilder, Bilder der Fülle trotz seiner distanten Beziehung zum Leben.

Was folgt *daraus*?
Was für Trieb und Sinn gilt, gilt auch für die typische *Gefährdung* und die typische *Möglichkeit*: die Gefährdung drängt sich von selbst auf, die Möglichkeit muß man suchen.
Wüßten Menschen mehr von diesen Zusammenhängen, sie würden einander weniger beschuldigen, sondern einander behilflich sein, das *Beste* aus sich zum Vorschein zu bringen.

3. JEDER MENSCH IST FREI UND VERANTWORTLICH

„Die Eltern", sagt Frankl, „geben bei der Zeugung eines Kindes die Chromosomen her - aber sie hauchen nicht den Geist ein. ... Durch die überkommenen Chromosomen wird ein Mensch nur darin bestimmt, was er 'hat', aber nicht darin, was er ist ..." [29]. Dieser Satz ist im Zusammenhang unseres Themas von herausragender Bedeutung:

1. Eltern sind zwar die *Ursache*, nicht aber der *Grund* menschlichen Daseins, und daher ist ihre Verantwortung für die erwachsenen Kinder keine grundlegende, sondern nur eine *partielle*. Es ist ihre Aufgabe, sie verantwortlich

---

[29] Viktor E. Frankl, Der unbedingte Mensch, Metaklinische Vorlesungen, in: Anthropologische Grundlagen der Psychotherapie, Bern/Stuttgrat/Wien 1975, S. 164

ins Leben zu leiten, es ist *nicht* ihre Aufgabe, ihr Leben in Gänze zu verantworten.
2. Weil der Geist kein Produkt der Zeugung ist, sondern ein jedem Menschen ureigenes Phänomen, ist jeder für die Entfaltung des Geistes, d.h. seiner Freiheit, Verantwortlichkeit, Sinnsuche und damit der Gestaltung seines persönlichen Lebens - nach innen und außen - letztlich selbst verantwortlich.

Mancher Leser wird einwenden, es gebe doch trostlose Kindheitsschicksale, die zu ebenso trostlosen Lebensläufen geführt und für die primär die Eltern die Verantwortung zu tragen hätten. Das trifft zu. Andere werden darauf verweisen, es gebe auch Menschen, die leiblich-seelisch nicht günstig ausgestattet und überfordert seien, wenn von ihnen die freie Gestaltung ihres Lebens verlangt werde. Dem widerspreche ich nicht. Viele werden auch sagen, generell bestehe doch wohl kein Zweifel an der Bedeutung der Erziehung für das Wohl und Wehe eines Menschen. Zweifellos ist das so. Worum also geht es?
Um die Überwindung der *einseitigen* Schuldverteilung zuungunsten der Eltern, um Werbung für die spezifisch humanen Phänomene der Freiheit und Verantwortlichkeit und deren konkrete Möglichkeiten für das reale Leben zugunsten der erwachsenen Kinder, um das Herausstellen der Überzeugung, daß jedes Schuldverschiebespiel Menschen schwächt und jede gelebte Übernahme von Verantwortung stärkt.

Wann immer ein Mensch den Grund für sein persönliches Versagen an einen anderen delegiert, desto mehr entfernt er sich von sich selbst. Je mehr er sich von sich selbst entfernt, desto weniger urteilsfähig ist er. Je weniger ur-

teilsfähig er ist, desto undifferenzierter betrachtet er die Geschichte seines Lebens. Je undifferenzierter er sein Leben betrachtet, desto häufiger unterläuft ihm die Peinlichkeit, das Gute, das ihm gelang, sich selbst, das Versagen dagegen anderen, z.B. den Eltern, anzukreiden. Die Folge: Ein Mensch, der es sich erlaubt, persönliches Versagen anderen anzulasten, leidet an Wahrnehmungsstörungen, sieht auch die Gegenwart verzerrt und nimmt in Kauf, daß er die Werte verkennt, die er zu *neuer* Sinnerfahrung dringend bräuchte.
Andererseits: Wann immer ein Mensch den Grund für sein Versagen bei sich sucht, desto näher kommt er sich selbst. Je näher er sich selbst kommt, desto urteilsfähiger wird er. Je urteilsfähiger er wird, desto differenzierter wird er im Blick darauf, welche seiner Schwierigkeiten *andere* zu verantworten haben, z.B. die Eltern, und welche er sich *selbst* zuzuschreiben hat. (Übrigens zeigt die Erfahrung, daß der Differenzierungsfähige in seinem Urteil über andere weit moderater ist als der Schuldverschieber). Je differenzierter ein Mensch die Geschichte seines Lebens betrachtet, desto klarer sieht er auch seine Gegenwart und desto leichter erkennt und verwirklicht er die Werte, die ihm neue Sinnerfüllung bringen.

Meinen Sie, lieber Leser, diese Reihe sei idealistisch gedacht, der Bogen der Freiheit und Eigenverantwortung überspannt? Das glaube ich nicht. Jedenfalls erfahre ich in meiner praktischen Arbeit immer häufiger, daß dann, wenn wir uns weniger auf die Suche nach den „Alt-Schuldigen“ begeben und uns mehr auf die konkreten Wege der Freiheit konzentrieren, jene in den Hintergrund treten, die Eigenverantwortlichkeit dagegen eine seltsame Attraktivität gewinnt.

Freiheit ist eben mehr als ein Wort. Freiheit ist Ausdruck gestaltenden Geistes, jedenfalls dann, wenn sie sich auf etwas, was Sinn macht, ausrichten kann. Freiheit ist auch mehr als ein Gefühl, sie ist eine Gefühlskraft, jedenfalls dann, wenn sie keine Verschiebespiel treibt, sondern - ein altes und doch so kostbares Wort - sich auf Wahrheitssuche begibt.
Freiheit ist das Menschlichste im Menschen - und daher allerdings besonders gefährlich. Denn wer sie dazu mißbrauche, die Verantwortung für sich einem anderen „Selbst" zu überantworten, kehrt sie ins Gegenteil und gerät unter Zwang.

Unruhig geht Bernd in seiner Wohnung auf und ab. Er zündet sich eine Zigarette an, drückt sie wieder aus. Er greift zum Hörer, legt ihn wieder hin. Er schaut aus dem Fenster und flucht über das Wetter. Was ist los? sagt er laut vor sich hin. Ein Vierteljahr hat er sich bei den „Alten" nicht gemeldet. Auch sie haben ihn nicht angerufen. Ob sie 'was kapiert haben? fragt er sich. Die werden nie 'was kapieren! sagt er laut - und wundert sich, daß er sich noch immer über die beiden aufregt. Ja, warum regt er sich so auf? Regt man sich über Menschen auf, die einem nichts (mehr) bedeuten? Seine Unruhe läßt nach. Er setzt sich. Gedanken an die Therapie kommen ihm. Wann ist denn endlich Schluß damit? Anfangs war's ja spannend, allmählich wiederholen sich die Dinge. So richtig befriedigend ist das nicht mehr, dieses ständige Wiederkäuen der alten Schoten. Überrascht über sich selbst, hebt er den Kopf. Sind ja ganz neue Töne, denkt er. Aber Therapie muß sein, vertei-

digt er sich gegen sich selbst. Therapie? Leben muß sein, gutes, richtiges Leben! Und wodurch soll das kommen?
Er steht auf, und auf dem Weg zur Küche bleibt er vor dem großen Spiegel stehen, schaut sich an - und schneidet sich selbst Grimassen. Holla, was ist denn das? fragt er. Sauer gegen mich selbst? Sein Blick wird ernst. Was tust du eigentlich dafür, daß es dir gutgeht, fragt er streng sein Spiegelbild. Über die Alten fluchen, das kannst du. Und sonst? Sie haben sich tatsächlich nicht gemeldet! Ob sie Angst vor mir haben? Da merkt er, daß ihm diese Vorstellung durchaus nicht gefällt. Ja, warum um alles in der Welt sollten sie Angst vor ihm haben? Wieder schaut er in den Spiegel und sieht sein gar nicht freundliches Gesicht.
Da wendet er sich ab, läßt Bilder von Vater und Mutter zu. Es sind keine aggressiven Bilder mehr. Da zieht in ihm ein Gedanke auf. Noch kann er ihn nicht fassen. Doch ahnt er, daß dieser Gedanke ein ganz wichtiger ist. Es dauert eine ganze Weile, ehe er ihn deutlicher fassen kann:
Wenn ich all das, was mir an meinem Leben mißfällt, den Alten anhänge - bin ich dann nicht gerade von ihnen abhängig? Lange geht er dieser neuen Idee nach. Dann: Wenn ich tatsächlich noch so stark von ihnen abhängig bin - bin ich dann nicht noch immer unfrei?
Ohne es zu bemerken, hat er sich aufrecht hingesetzt. Habe ich ihnen etwa aus Unfreiheit soviele Vorwürfe gemacht? Doch dieser Gedanke geht ihm zu rasch. Es stimmt ja, sagt er sich trotzig,

daß ich alles andere als eine ideale Kindheit hatte. Oder? Ja, es stimmt, und doch:
Daß die beiden so ausschließlich schuld an seinem bescheidenen Lebensgefühl sein sollen - ob das stimmte? Hatte er es sich nicht zu einfach gemacht? Hatte er sich jemals darum bemüht, selbst den Karren aus dem Dreck zu ziehen, z.B. dann, als er sein Studium geschmissen hatte? War er nicht zu rasch auf die Eltern losgegangen mit seinen Vorwürfen? Wäre es ihm nicht wenigstens einmal möglich gewesen, sich zu fragen, ob er zwangsläufig hätte scheitern müssen? So sehr hatte er unter den inneren Zwängen der Vergangenheit gestanden, daß ihm nichts anderes übriggeblieben war, als mit dem Studium aufzuhören? War das etwa Schicksal gewesen? Hatte nicht sogar seine damalige Freundin gesagt: Du bist doof - und nicht: Deine Eltern sind doof?
Wieder ist er überrascht, darüber nämlich, daß er sich keineswegs zerknirscht fühlt, im Gegenteil. Wie von weit her nähert sich ihm ein anderes Gefühl. Wieder muß es sich in ihm erst entwikkeln. Dann erkennt er es: Es ist das Gefühl, daß ihm noch aus der Kindheit vertraut ist, das ihm immer dann kam, wenn er seinen Eltern ein neues, selbst gemaltes Bild zeigte.
Nun sucht er nach weiteren Beispielen, an denen ihm deutlich wird, daß er viel zu oft und viel zu lange nicht selbst sein Leben geführt hat, stattdessen ... Sein Leben selbst führen ... Wie dieses Wort klingt ...

Weit reckt er seine Arme aus, dehnt sich, streckt sich, so, als habe er gerade ein großes Werk vollbracht ...
Nicht gleich, aber Stunden später ruft Bernd bei seinen Eltern an. Mutter ist am Apparat. Sie wirkt unsicher. Dann sagt er: Mutter - wielange hat er dieses Wort nicht mehr in den Mund genommen! - ich schau in den nächsten Tagen mal vorbei.

Eltern sind nicht an allem schuld, wenn das Leben der Kinder, der kleinen ebenso wie der erwachsenen, schwierig und problematisch wird. Weil Leben polar ist, bleibt es nicht aus, daß Eltern und Kinder, daß wir Menschen immer wieder auch in dunkle Gefilde des Lebens geraten.

Eltern sind nicht an allem schuld, auch deshalb nicht, weil wir Menschen nicht über unseren typologischen Schatten springen können. Und diesen Schatten haben wir uns ebensowenig ausgesucht wie das harte Gesetz der Polarität des Daseins.

Eltern sind nicht an allem schuld, und das gerade deshalb nicht, weil nicht nur sie , sondern auch die Kinder Freiheit und Verantwortung haben. Die einzige Bedingung aber der Freiheit - das weiß jeder -, sind Grenzen, und die finden Kinder zuerst in der Begrenztheit der eigenen Eltern. Und die einzige Bedingung der Verantwortung ist neben der Freiheit das Gewissen, und das finden Menschenkinder nur in sich selbst.

PRAXIS

SÄTZE ZUM NACH-DENKEN

- Du sagst, du seist zu wenig geliebt worden. Das kann sein. Kann es jedoch auch sein, daß dir die Eltern gaben, was sie geben konnten?

- Du sagst, diesen einen Tag, an dem dich dein Vater so enttäuschte, würdest du nie vergessen. Kann es sein, daß auch dein Vater diesen Tag nie vergessen wird?

- Du sagst, mit deiner Mutter seist du endgültig fertig. Dann willst du auf Versöhnung endgültig verzichten - auf Versöhnung auch in dir?

- Du sagst, deine Eltern hätten damals wissen müssen, was sie taten. Von heute aus gesehen, werden auch sie vielleicht so denken. Ob sie damals wußten, was sie taten?

- Du sagst, deine Eltern machten dir ständig Schuldgefühle. Mag sein. Ich kenne allerdings auch Kinder, die vor allem dann Schuldgefühle entwickeln, wenn sie sich weigern, diese oder jene Verantwortung zu übernehmen.

- Du sagst, deine Eltern hätten dir zuwenig Freiheit gelassen. Wahrscheinlich hast du recht. Doch ob sie dir zuwenig Freiheit ließen, um dir die Freiheit zu nehmen?

- Du sagst, deine Eltern hätten dir zuviel Freiheit gelassen. Das wird so sein, wenn du es sagst. Doch ob sie dir zuviel Freiheit ließen, um dich egoistisch werden zu lassen?

- Du sagst, deine Eltern hätten dich nie so richtig erkannt. Wenn das so ist, ist das sehr traurig. Frag dich jedoch auch, ob du deine Eltern „ so richtig" erkennst.

- Du sagst, deine Eltern ließen dich auch heute noch nicht los. Das klingt nicht gut. Was aber heißt für dich „loslassen"? Kann es auch sein, daß du dich tatsächlich zu weit zurückgezogen hast?

- Sag, hältst du dich für so wenig erwachsen, daß nicht auch du das eine oder andere für die Verbesserung eurer Beziehung tun könntest?

- Du hast so manches Mal deine Freunde wegen deren Eltern beneidet. Ob du deine gegen jene austauschen möchtest?

- Sind Mütter nur Mütter?
  Sind Väter nur Väter?
  Sind Kinder nur Kinder?
  Mütter sind Menschen.
  Väter sind Menschen.
  Kinder sind Menschen.
  Es wäre gut, wenn Menschen einander Menschen sein ließen.

4. DER INNERE GEGENSPIELER
WARUM WIR NICHT TUN, WAS WIR WOLLEN

THEORIE UND PRAXIS

1. WAS ES BEDEUTET, SICH SELBST ABZULEHNEN

Kaum einem Satz der Weltliteratur wird weniger widersprochen als dem des Paulus aus seinem Brief an die Römer: „Das Gute, das ich will, das tue ich nicht. Das Böse aber, das ich nicht will, das tue ich." Selbstverständlich darf dieser Satz nicht verallgemeinert werden, doch gilt er häufig genug. In Therapien, Beratungen, im öffentlichen Leben und vor allem aus eigenem Erleben gibt es dafür eindrucksvolle Belege. Einige Beispiele:

> Ein Mann ahnt, daß ihm sein Distreß bald einen Herzinfarkt bescheren könnte. Er hat Angst vor dieser Möglichkeit. Und doch: Weder ändert er die Struktur seiner Tage noch seine Einstellung zur Bedeutung seiner Arbeit. -
> Eine Frau ahnt, wie wichtig es wäre, die jahrelange Feindschaft gegen ihre Familie aufzugeben und versöhnliche Zeichen zu setzen, doch greift sie wieder zum Hörer und entlädt ihre Aggressionen.-
> Jemand ahnt, daß seine übermäßige Angst zwar krankhaft, aber auch von ihm geduldet wird. Trotzdem fragt er nicht nach neuen Gründen für neuen Mut. -
> Ein Land ahnt, daß sein ausgeprägter Materialismus die Seelen der Menschen mehr und mehr ent-

leeren wird, doch sind nur wenige bereit, von geistigen Werten zu reden, geschweige denn, sich danach auszurichten. -
Inzwischen ahnt, ja weiß sogar die ganze Menschheit, daß bestimmte technologische Entwicklungen unseren blauen Planeten verderben können, aber nur wenige sind bereit, diesen Entwicklungen ein leidenschaftliches Nein entgegenzusetzen.

Diese und zahllose andere Beispiele aus Vergangenheit und Gegenwart bestätigen die seltsam anmutende These, daß zu den bedrückendsten Geheimnissen des Menschen die Möglichkeit gehört, daß er sein eigener Feind und also gegen sich *selbst* sein kann - gegen seinen eigenen Lebensdrang, gegen seine eigene Vernunft, gegen seinen eigenen Geist. Was das bedeutet, sieht - *überzeichnet* - so aus:
Wer gegen sich selbst ist, lehnt sich selbst ab. Wer sich selbst ablehnt, will nicht das Gute für sich. Wer das Gute für sich nicht will, kommt nicht zu sich, ist nicht bei sich, ist nicht mit sich eins, erkennt nicht sein wahres Sein und seinen „wahren Willen" (M. Ende).
Und weil er so nicht leben kann, projiziert er das Gefühl der Ablehnung gegen sich auf andere, so daß er glaubt, andere seien gegen ihn. So macht er sich Menschen zu Feinden, die von ihrer Feindschaft gegen ihn gar nichts wissen.
Er verhält sich destruktiv, nicht konstruktiv. Er liebt nicht, sondern lehnt ab: die Welt, in der er lebt und das einzige, was er hat - sich. Er wird zur Monade, zu einem in sich abgeschlossenen, vereinsamten, sich selbst unter Druck setzenden Menschen, der sich weder auf die eigene innere Welt noch auf anderes Leben bezieht. Und so verliert er

auch den Blick für Werte, die in der Welt reichlich vorhanden sind, und hat daher größte Mühe, sein Leben sinnvoll zu gestalten.

2. DIE SELBSTABLEHNUNG HAT VIER QUELLEN

Weshalb neigen Menschen dazu, sich selbst abzulehnen? Zu allen Zeiten haben sie sich mit dieser Frage beschäftigt und - je nach Menschen-und Weltbild - unterschiedliche Antworten darauf gegeben. Ich habe allerdings den Eindruck, daß in *unserer* Zeit die Bedeutung dieses Themas erheblich unterschätzt wird.

Meine These lautet: Da jeder Mensch in einer *polar* strukturierten Welt lebt -

- *als Gattungswesen*
- *als Mensch mit einem bestimmten Typus*
- *als Mensch mit einer bestimmten Lebensgeschichte*
- *als selbstverantwortliche Person* -,

gibt es in jedem von uns nicht nur die Möglichkeit eines Ja zu uns selbst, sondern auch eines Nein zu uns selbst. Diese vier Quellen bedeuten zwar kein Verhängnis, sind aber eine ständige *Herausforderung zur Weiterbildung* der Persönlichkeit.

Was heißt das konkret?
Je klarer ein Mensch das *Nein* in sich als seinen inneren Gegenspieler begreift, desto eindeutiger wird er sich nach dem Ja, d.h. nach dem Erkennen, Erfühlen und Erleben solcher *Werte* ausrichten, die Bedingungen für ein gelingendes Leben sind. Je klarer er seinen inneren Gegenspieler durch-schaut erkennt, desto leichter ebnet er dem

Geist die Wege zur Selbst- und Sinnfindung - und desto größer ist die Wahrscheinlichkeit, daß er gesund ist, wird und bleibt.
Je stärker dagegen das *Nein* im Menschen ist, desto weniger gelingt ihm das Leben, desto fremder wird er sich und desto eher wird er erkranken.

Diese These vom inneren Gegenspieler wird eindrucksvoll von Märchen, Mythen, Träumen und Imaginationen - sie alle sind Spiegelungen der menschlichen Seele - bestätigt. Die Märchen zum Beispiel wissen es: Die Schlösser, in denen die Prinzessinnen auf die Prinzen warten, sind nicht leicht erreichbar. Nur aus der Ferne scheint es so, als führten die Wege geradewegs ins Innere der Schlösser. Doch nähern sich die Prinzen dem begehrten Glück, dann hören sie bereits die Löwen vor den Toren brüllen.
Märchen, Mythen, Träume und Imaginationen beschreiben diesen inneren Feind in Gestalt von Drachen, Monstern, Hexen, Sirenen, Gnomen, garstigen Tieren und vielen anderen Figuren, die alles unternehmen, um die Glückssucher von ihren Wegen zu den Schlössern des Glücks abzubringen, und die *zunächst* stärker zu sein scheinen als die Wanderer auf ihrem Weg zum Ziel.
Der Gegenspieler bedient sich nicht nur unterschiedlichster Gestalten, sondern auch unterschiedlichster Mittel, so z.B. der Gewalt und der Lüge, scheinbarer Güte und scheinbarer Moralität. Und wer gegen ihn bestehen will, muß, damit er seine Macht verliert, seinen *Namen kennen* und sich mit ihm *auseinandersetzen*.

Zwei weitere, sehr lebensnahe Beispiele - das eine aus einem Traum, das andere aus einer wertorientierten Imagination - sollen die Beschreibung des Gegenspielers vertiefen:

- *Im Traum steht ein Mann vor einer Schießbude und zielt mit einem Gewehr auf eine Figur. In dem Moment jedoch, in dem er abdrückt, zeigt die Figur ihr Gesicht, das ihm nicht unbekannt zu sein scheint. Er weiß aber nicht, um welchen Menschen es sich handelt. Voll Panik wacht er auf.*
  Die Unruhe weicht den ganzen Tag nicht von ihm. In der Nacht darauf wiederholt sich der Traum (ein Hinweis darauf, wie wichtig die Seele das Thema nimmt!). Wieder schießt er auf die Figur. Und in dem Moment, in dem er abdrückt, erkennt er das Gesicht, auf das er geschossen hat: es ist sein eigenes.
  Da fängt er an, etwas ganz Wichtiges zu begreifen.

- *Eine junge, psychosomatisch erkrankte Frau antwortete auf meine Frage, ob sie gesund werden wolle, empört: „Ja, selbstverständlich!“ In der darauf folgenden „Wanderung“ zum „Ort der Gesundung“ erlebte sie allerdings eine merkwürdige Überraschung:*

  Nach langen Wegen gelangte sie zu einem kleinen, abgedunkelten Raum. Widerstrebend betrat sie ihn. In einer Ecke kauerte ein offenbar kranker Mensch, den sie nicht zu kennen schien. Zö-

gernd näherte sie sich ihm - und erkannte sich selbst. Sie erschrak.
Nachdem sie sich von ihrem Schrecken erholt hatte, ging sie auf „sich" zu und wollte „sich" aufrichten. Denn ihr war klar, daß sie die kranke Gestalt so rasch wie möglich aus ihrem dunklen (ihr unbewußten) Verlies herausbringen müßte. Groß war jedoch ihre Überraschung, als sich die in der Ecke Kauernde mit Händen und Füßen zur Wehr setzte. Sie wollte den Raum (zunächst) nicht verlassen. Auch diese Frau begann, etwas ganz Wichtiges zu begreifen.

2.1. DIE ALLGEMEIN-MENSCHLICH BEDINGTE SELBSTABLEHNUNG

Diese Welt ist weder der Himmel noch die Hölle, daher ist auch der einzelne Mensch weder himmlisch noch höllisch. Es gibt z.B. keine einwandfreie Mutter und keinen einwandfreien Vater, keine makellose Gattin und keinen makellosen Gatten, keine ein-deutige Liebe und keinen eindeutigen Haß. Es gibt *auch* die Lüge und das Scheitern, *auch* die Resignation und die Angst, *auch* die Ungerechtigkeit und die Schamlosigkeit. Es gibt daher auch nicht nur die Selbstliebe, sondern auch die *Selbstablehnung*. Und beides, das „Negative" und das „Positive", gehört als Möglichkeit zum Menschen. Diese Tatsache bleibt unser Schicksal. Und nur wer über einen kräftigen Schuß Naivität verfügt, wird sie leugnen. Das bedeutet:

Oft tun wir nicht, was wir wollen, weil auch unser Wollen nie ein reines Wollen ist, sondern immer zugleich den Keim des Nicht-Wollens in sich trägt. „Zwei Seelen wohnen, ach, in meiner Brust“ (Goethe) ... Und jene Seele, der Goethes „Ach“ gilt, nenne ich den *inneren Gegenspieler.*

Warum aber tue ich das eine Mal das, was ich *will*, das andere Mal dagegen *nicht*? Grundsätzlich gilt:
Ich *tue*, was ich will - sofern nicht mächtige äußere Realitäten dagegenstehen - wenn ich
1. meinen *inneren Gegenspieler*, der sich hinter meinem Nicht-Wollen verbirgt, deutlich genug erkannt, durchschaut, erlebt, erlitten und mich gegen ihn empört, und wenn ich
2. mich nach dem, *was* ich will, nach dem Wert also, um den es geht, mit Leib, Seele und Geist ausgestreckt habe.

Ein einfaches Beispiel, das für Menschen *jedweder* Art stehen könnte:

> Herr X klagt über seinen „Mangel an Zeit“. Sein Beruf „frißt ihn auf“. Und da diese Klage inzwischen gesellschaftsfähig ist, spricht er häufig über diesen Mangel. Herr X leidet einerseits tatsächlich, andererseits fühlt er sich so unwohl nicht, da er zu den Vielbeschäftigten und daher zu den Wichtigen im Lande gehört. Er leidet nicht *genug*. Ihm ist nicht deutlich *genug*, daß sein Werthorizont sich weithin auf seine Arbeitswelt beschränkt. Er empfindet nicht deutlich *genug*, was es bedeutet, daß sein Beruf ihn „auffrißt“. Er begreift nicht

> deutlich *genug*, daß zu einem vollen Menschenleben auch die Realisierung ganz anderer Werte gehört: z.B. die phantasiebringende Muße, die anregende Kunst, die be-geist-ernde Literatur der Weisheit, die vitalisierende Kraft der Natur, der Spaß, die Leichtigkeit etc. *Diesen* Mangel empfindet Herr X nicht tief *genug*!
> Doch *wenn* er sich *tief* genug ein-dächte, einfühlte, ein-träumte in diese oder andere lebenswerte Gegebenheiten der Zeit, würde er seinen „Zeitmangel“ nicht mehr lediglich klagend interpretieren, er würde sein Leben *ändern*.

Wenn das so einfach wäre, werden Sie sagen. Nein, so einfach ist „das“ nicht. Daß wir nicht leicht zu Veränderungen kommen, dafür wird schon der innere Gegenspieler sorgen, dessen Dasein ja auch nicht nur allgemeinmenschlich, sondern auch typologisch bedingt ist:

2.2. DIE TYPOLOGISCH BEDINGTE SELBSTABLEHNUNG

Die Typologie des Enneagramms zeigt nicht nur die mit jeder der neun „Typen“ verbundenen *Möglichkeiten*, sondern auch deren Gegenpol: die typologisch bedingten *Probleme*. Jeder Typus stellt einen spezifischen Aspekt der Selbstablehnung dar. Die folgende Charakterisierung bezieht sich, wohlgemerkt, nur auf den *entwicklungsverzögerten* Typus:

> Der erste Typus, der *Reformer*, auch Perfektionist genannt, leidet häufig unter seiner starken *Wut*.

Wenn er ihrer nicht Herr werden kann, richtet er sie gegen andere, was zur Folge hat, daß *diese* ihn ablehnen. Doch wenn er seine Wut nicht an anderen auslassen kann, richtet sie sich gegen ihn selbst, was dazu führt, daß er *sich selbst* ablehnt. Und manchmal scheint es, als habe er geradezu eine Lust daran, sich selbst zugrunde zu richten.

Der zweite Typus, der *Helfer*, der es braucht, gebraucht zu werden, hat einen seltsamen Stolz. Don Riso nennt ihn „*Aufgeblasenheit*". Wer nur anderen helfen will, selbst aber keine Schwäche zeigt, wirkt auf andere auf Dauer so sympathisch nicht. Sie ziehen sich irgendwann von ihm zurück. Die Folge: Er fühlt sich - verständlicherweise - abgelehnt. Doch die Ursachen dafür sucht der Helfer nicht bei sich. Wer sich allerdings die Meinung erlaubt, er bedürfe der Hilfe anderer nicht, erkennt nicht nur seine Schwächen nicht -, er wird sich auch *selber* fremd. Wer sich aber selbst fremd ist, steht nicht auf seiner eigenen Seite.

Der dritte Typus, der *Erfolgsmensch* - wir können ihn auch den „Macher" nennen -, hat vor allem ein Ziel: den Applaus, zu jeder Zeit, in jeder Situation, unter allen Bedingungen. Nicht darum geht es ihm zuerst, wodurch er, sondern *daß* er Erfolg hat. Und dafür sind ihm viele Mittel recht. Ein solches Verhalten geht jedoch oft genug auf Kosten der Wahrhaftigkeit - nach innen und außen. Nichts aber ist der Seele schwerer verdaulich als *Unwahrhaftigkeit*. Sie verbraucht nicht nur viel Energie -, sie entfremdet einen Menschen auch von sich selbst. Und wieder gilt: Wer von sich selbst entfremdet ist, lehnt sich selbst ab.

Der vierte Typus, der *Romantiker*, der die „blaue Blume“ sucht, fühlt sich in der Welt nicht zu Hause. Sie ist ihm zu banal. Doch weil er sich zugleich nach den „Wonnen der Gewöhnlichkeit“ (Th. Mann) sehnt, packt ihn immer wieder der blanke *Neid* auf jene, die sich mit der Welt, so wie sie ist, anfreunden können. Neid aber gehört zu den garstigsten Gefühlen, die wie wenige andere die eigene Seele „auffressen“.

Der fünfte Typus, der *Beobachte*, der sich von der Lebendigkeit der Welt zurückzieht, der das Leben über-denkt statt in ihm mitzumischen, entdeckt in sich, wenn er denn will, eine tiefe *innere Leere*. Das ist verständlich: Denn wer sich nicht dem Leben aussetzt, den setzt das Leben aus. Was folgt daraus? Wer innerlich leer ist, dem legt sich Glas ums Herz, und das macht einsam. Wie könnte ein solcher Mensch sich selbst bejahen?

Der sechste Typus, der *Loyale*, braucht die Gemeinschaft und immer wieder die Gemeinschaft. Sich allein hält er schwer aus. So wenig hält er von sich selbst. Er vertraut nicht *sich* und sucht deshalb nicht in sich, sondern außerhalb seiner selbst Halt. Und das macht *Angst,* weil eine solche Haltung abhängig macht. Angst aber ist immer mit *Aggression* verbunden, und sei sie noch so unbewußt. Das bedeutet: Wer zuviel Angst hat, ist nicht nur aggressiv nach außen, er ist es auch nach innen.

Der siebente Typus, der *Glückssucher*, liebt die *helle* Vielfalt des Lebens. Er gleicht darin dem viele Blüten suchenden Schmetterling. Jedoch: Er halbiert das Leben. Das Sonnenhafte findet er „phantastisch", das Dunkle aber, das bekanntlich nicht weniger zum Leben gehört, leugnet er, so gut er kann - in sich und außerhalb seiner selbst. Wer aber Leben halbiert, halbiert auch sich selbst.

Der achte Typus, der *Starke*, der Machtvolle, will selbst das Leben kontrollieren. Er ist der Boß! Wer sich ihm schwächlich unterwirft oder sich ihm gleichzustellen versucht, den tritt er nieder. Gerade dadurch aber läßt er das Kostbarste in sich, das Gütige und Zarte, nicht auf-kommen und in sich leben. Wer aber das Beste in sich nicht lebt, lehnt das Beste in sich ab.

Der neunte Typus, der *Ursprüngliche*, der Friedensstifter, dem die Konflikte in der Welt zu schaffen machen und der sich deshalb lieber in seine ursprüngliche (innere) Welt zurückzieht, macht nicht hinreichend Erfahrungen mit seinen *real* vorhandenen Kräften. Wer jedoch seine Kräfte zuwenig in Gebrauch nimmt, wird erfahren, daß sie sich irgendwann gegen ihn selbst richten.

Wie läßt sich die durch den Typus bedingte Selbstablehnung reduzieren oder gar beseitigen? Beseitigen nie, denn wie wir bis zum Tod der Polarität verhaftet bleiben, so auch dem Typus, der weniger erziehungs- , mehr anlagebedingt ist [30]. *Reduzieren* läßt sich diese Form der Selbstablehnung. Wie das möglich ist, will ich an einem Beispiel in drei bzw. vier Schritten zeigen.

1. Nehmen wir an, Sie sind gesund und leiden trotzdem. Nehmen wir an, Sie gehören dem Typus des Reformers an und leiden darunter, daß Sie „mit der ganzen Welt“ zerstritten sind.
Kann es sein, daß Sie dazu neigen, die Gründe und Ursachen für diesen desolaten Zustand nicht bei sich, sondern bei anderen zu suchen? Kann es sein, daß das eine oder andere Unrecht, unter dem Sie leiden, nicht nur mit anderen, sondern auch mit *Ihnen* zu tun hat?
Sollten Sie die Frage nicht ganz verneinen, würde ich mir an Ihrer Stelle Zeit nehmen und die gesamte Geschichte meines Lebens unter dem Aspekt „Aggressionen“ studieren.
Wahrscheinlich würden Sie sich wundern, in wievielen Situationen die Wut Ihr Quälgeist war. Vermutlich würde Ihnen aufgehen, daß Sie sich über „alles und jedes“ aufregen konnten, z.B. über den Vater, den Bruder, die Großmutter, über Lehrer und Mitschüler, über den Ausbilder und die Eltern der ersten Freundin, über die SPD und die CDU, über die Gewerkschaften und den Schützenverein, über die moderne Malerei und die neuesten Computerprogramme, über die Post und die

---

[30] Siehe dazu den Abschnitt: Elern sind nicht an allem schuld, Punkt 2.

rote Ampel, über die Zeitung und den Fernsehkommissar, über, über, über alle und alles ...
Hätten Sie diese historische Aufarbeitung erfolgreich hinter sich gebracht, würde sich aller Voraussicht nach ein Gefühl einstellen, dem eine höchst produktive Kraft innewohnt. Ich meine das *Schamgefühl*. Dieses Gefühl ist die Bedingung der Möglichkeit, eine solche Aggressionsgeschichte unter keinen Umständen wiederholen zu *wollen*. Wenn Sie diese Geschichte und deren Auswirkungen tief genug studiert hätten - anschaulich, plastisch, hautnah -, ständen Sie vor der *Entscheidung*, ob Sie weiterhin Ihren Ausbrüchen freien Lauf lassen oder auf sie persönlich Einfluß nehmen möchten.

2. Sie könnten auch Ihre Augen schließen und sich *Ein-Fälle* zum Wort „Aggression" kommen lassen. Wichtig wäre wieder, daß Sie sich Zeit dafür nähmen und so wenig wie möglich dächten. Bei diesem Vorhaben würden weniger *Ereignisse oder Personen*, sondern mehr die mit Personen und Ereignissen verbundenen aggressiven (und nicht bewußt gewordenen) *Gefühle* zum Vorschein kommen. Die Ein-Fälle könnten z.B. so lauten:

Wegstoßen - wegschleudern - draufschlagen - ich sehe ein Schwert - ich schlage mit dem Schwert auf alles ein - ich möchte laut brüllen, ich möchte noch lauter brüllen - ich könnte mich vor Wut überschlagen - ich könnte alles zerschmettern usw., usw., usw.

Irgendwann würden sich, zunächst unmerklich, leisere Ausdrücke zu Wort melden, und schließlich könnten friedvolle Einfälle Ihre Seele beruhigen. Einfälle dieser Art könnten so aussehen:
Da löst sich etwas in mir - da kommt Ruhe auf - es wird mir weit ums Herz - ich bin ganz gelassen - ich fühle mich befreit usw., usw., usw.

Selbstverständlich wäre es wichtig, diese kleine, aber hilfreiche „Übung" so lange zu wiederholen, bis Sie den Aggressionspegel spürbar gesenkt hätten.
Und wozu sollen diese Einfälle gut sein?
Was wäre, wenn die aggressiven Gefühle verkapselt *blieben*? Ob sie *nicht* auf Sie einwirkten ? Ob sie *nicht* das „Wollen des Guten" behinderten?
Leben will *wahrgenommen* sein, nicht nur das helle und beglückende, auch das dunkle und störende, nicht nur das bewußte, auch das vor- oder unbewußte. Doch wenn das dunkle und störende wahrgenommen wird, wirkt es so, als böte es Frieden an, jedenfalls auf Zeit.

3. Nun aber kommt die weit bekömmlichere „Übung":
Schließen Sie die Augen und lassen Sie, so gut es geht, die Gedanken abfließen. Lassen Sie das Wort „*Geduld*" kommen. Vielleicht sehen Sie es vor Ihren inneren Augen. *Warten* Sie darauf, was Ihnen zu diesem wunderbaren Wort ein-fällt [31]. Denken Sie nicht! Geben Sie Ihrem „unbewußten Geist" Gelegenheit, Ihnen das nahezubringen, was für Sie zur Wohltat werden könnte. Noch einmal: *Warten* Sie auf die Einfälle.

---

[31] Siehe dazu auch: Stress und seine Überwindung, Praxis, Punkt 6.

Vielleicht fallen Ihnen frühere Begebenheiten ein, bei denen Sie geduldig waren, vielleicht hören Sie gute Sätze zum Thema. Möglicherweise kommt Ihnen auch ein Bild. (Und wenn es kommt, würde ich es mir lange anschauen). Vor allem aber *bleiben* Sie bei dem Wort und lassen sich von Ihrer eigenen Seele zeigen, was Sie Ihnen schon lange anvertrauen wollte.

Nun aber kann es sein, daß jemand mit seiner Aggressionsflut nicht mehr allein fertig wird und fachliche Hilfe braucht. In diesem Fall würde ich auf die wertorientierte Imagination zurückgreifen[32], die die Aggressionen auf ein erträgliches Maß senken könnte. Ein kurzes Beispiel:

> *Ein Mann mittlerer Jahre (Typus: Reformer), ein aggressiver, zugleich liebenswerter Mensch, dessen Sucht nach Drogen, Alkohol und Prostituierten sein Leben zu verderben begann, sieht auf seiner „inneren Wanderung" plötzlich einen eisernen Bohrer. Der Bohrer wird größer und größer und bohrt sich schließlich in alles hinein, was ihm begegnet: in Pflanzen, Tiere Dinge - dann in sein eigenes Herz. Der Mann erschrickt zutiefst. Er ist entsetzt. Und er begreift, daß dieser Bohrer in ihm und um ihn herum alles zerstören wird, wenn - wenn nicht er selbst gegen ihn Stellung bezieht und ihm Einhalt gebietet.*
> *Der Mann steht auf und reißt den Bohrer voll Empörung aus seinem Herzen. Und da geschieht*

[32] Siehe dazu: Frei werden von belastender Vergangenheit, Exkurs: „Wertorientierte Imagination".

es: Nach und nach beginnt die Wunde des Herzens zu heilen. Nicht nur das: Auch alle Pflanzen, Tiere und Dinge, die sein Bohrer verletzt hat, gesunden. Und über der Landschaft, in der er steht, geht die Sonne auf.

Im Nachgespräch begreift der Mann vollends, was sein Unbewußtes ihm nahebringen wollte: daß er vor der Entscheidung steht, sich weiterhin von seinen Aggressionen *treiben* zu lassen - oder als *Person* ihnen gegenüber Stellung zu beziehen - und sich nach der „Sonne" auszurichten.

2.3. DIE LEBENSGESCHICHTLICH BEDINGTE SELBSTABLEHNUNG

Manchmal staunen wir darüber, daß jemand, dem „alles" gelingt, wenig Selbstvertrauen ausstrahlt. Oder: Wir rätseln, warum gerade dieser oder jener begabte oder liebenswürdige Mensch so wenig Fortune im Leben hat. Die Ursachen für diesen seltsam anmutenden Mangel liegen oft in *alten Verletzungen*, die noch immer auf ihn einwirken dürfen. Gewiß haben diese Ursachen *auch* mit dem Typus zu tun, sie gehen darin jedoch nicht auf.
Der lebensgeschichtlich bedingte Gegenspieler kann die *eine* große Enttäuschung sein, der *eine* tiefe Schmerz, die *eine* nicht geheilte Wunde, die *eine* Schuld, das *eine* Versagen sein. Er kann auch der *Chor* der Stimmen sein, die sich einem Menschen in Kindheit, Jugend und späteren Jahren eingeprägt haben. Das sind Stimmen von Menschen, die von Freiheit und Liebe wenig wußten und die einem Menschen das ursprüngliche Gefühl raubten, sich

selbst annehmen zu dürfen. Wie wichtig es ist, sich von diesem Gegenspieler zu befreien, und welche Wege zur Befreiung es gibt, habe ich im Kapitel „ Frei werden von belastende Vergangenheit“ beschrieben.

2. 4. DIE SELBSTVERANTWORTETE SELBSTABLEHNUNG

Das „Schicksal“ beschert uns weiße und schwarze Lose, dem einen mehr die weißen, dem anderen mehr die schwarzen. Nun aber *ist* jeder Mensch auch und im besonderen eine individuelle *Person* [33]. Das heißt: Trotz der gattungs-, typologisch- und lebensgeschichtlich bedingten Gegebenheiten hat jeder die *Freiheit*, und sei sie noch so verdeckt, auf sich selbst und seine Mitwelt Einfluß zu nehmen - innerhalb bestimmter Grenzen, ja!, aber eben Einfluß zu *nehmen*. Was heißt das?
Was ein Mensch aus seinen Gegebenheiten macht, entscheidet wesentlich die Person: das Freie, das Existentielle, das Wesentliche in ihm! Das bedeutet, daß er keinesfalls *alle* negativen Gedanken, Gefühle, Empfindungen oder Handlungen zulassen oder vollziehen *muß*, jedenfalls auf Dauer nicht. Und tut er es doch, so ist *er selbst* sein eigener Gegenspieler. Zwei Beispiele zum Thema:

- Wenn wir uns selbst ablehnen, *neigen* wir dazu, auch „die Welt“ abzulehnen. Das aber geschieht nicht zwangsläufig! Ich weiß, daß z.B. ein sich selbst ablehnender Klient, der dazu herausgelockt wird, bewußt das Gute und Wesentliche zu *su-*

[33] Siehe dazu den Abschnitt: Wer ist der Mensch, Theorie, Punkt 15.

chen, die überraschende Entdeckung machen kann, daß er *in* der *Begegnung* mit Werten (Schönheiten in Natur und Kunst, Freundlichkeiten von Menschen, Sinnhaftigkeit einer Aufgabe etc.) nicht nur das Unbehagen an sich selbst vergißt, sondern auch „die Welt" in einem helleren Licht zu sehen beginnt. Das ist keine Theorie, das ist Erfahrung!

- Wenn ich dazu neige, mich selbst abzulehnen, habe ich noch immer die Freiheit, mich darüber zu *empören*! Und diese Empörung (empor!) kann ungeahnte Kräfte freisetzen und die Beziehung zu mir und dem Leben wesentlich verändern, wenn mir auf-geht,
daß *ich* es bin, der mich nicht annimmt,
daß *ich* zuwenig mit mir fühle,
daß *ich* mein Leben nicht so führe, wie ich es will,
daß *ich* nicht zu mir selbst durchdringe,
daß *ich* es bin, der mich so wenig kennt,
daß *ich* mein eigener Gegenspieler bin.
Doch wenn ich es wünsche und ich es will, daß mein ur-sprüngliches, mich selbst bejahendes Wesen zum Vor-Schein kommt, dann muß ich es in mir brennen *lassen*, dann muß ich den Schmerz darüber *zulassen*, daß letztlich *ich* es bin, der mich verneint.

Sie werden fragen, ob denn jeder Mensch *vier* Gegenspieler habe, und wenn ja, wie sie sich konkret äußerten? Diese Frage läßt sich nicht allgemein klären. Sie wird von

Mensch zu Mensch verschieden zu beantworten sein. Doch wer die Bedeutung dieser inneren Giftquelle(n) begriffen hat und sie ernsthaft sucht, wird sie auch finden. Vielleicht ist sie die Gleichgültigkeit dem polaren Leben gegenüber, vielleicht die eine üble Verletzung in der Kindheit, vielleicht die heimliche Angst, vielleicht der leichtfertige Umgang mit der Freiheit oder ... Vielleicht auch fließen irgendwann die unterschiedlichen Quellen in *einem* negativen Strom zusammen. Jedenfalls: Wer das, was ihn noch immer vom Leben abhält, deutlich erkennt und konsequent daran zu arbeiten beginnt, wird über die Veränderungen in seinem Leben staunen.

3. GIBT ES SCHICKSALSBEDINGTES NICHT-WOLLEN?

Warum tun wir so oft nicht, was wir wollen? Vielleicht gibt es einen Aspekt, der noch ein anderes Licht auf unser Problem wirft. Dieser Aspekt entzieht sich allerdings wissenschaftlicher Betrachtungsweise und läßt sich psychologisch nicht verrechnen. Man kann über ihn nur wenig sagen.

Manchmal scheint es mir, als ob wir das Gute, das wir wollen, (noch) nicht wollen *können*, weil uns das Schicksal - ich nenne es Gott - zunächst Wege führt, die wir kennenzulernen haben, bevor wir das Gute in *Freiheit* tun können.

Vielleicht ist es für den einen wichtig, daß er zunächst die Ohnmacht, die Schwäche, sogar die Schuld kennenlernt, weil sein bisheriges Wollen z.B. seiner Hybris, seinem Geltungsdrang oder seiner Maßlosigkeit entspringt.

Vielleicht ist es für den anderen wichtig, daß er zunächst seine körperlich-seelischen Grenzen erfährt, ehe er die Freiheit des Geistes erfahren kann.
Vielleicht wird einem dritten vom „Schicksal“ gezeigt, daß jedes Leben letztlich nicht aus eigener Kraft und eigenem Wollen lebt, sondern aus der Gnade, die zwar in der Seele fühlbar wird, deren Quelle jedoch weit über den Menschen hinaus zu suchen ist.

5. ZUGÄNGE ZU WERT - UND SINNERFAHRUNGEN[34] - WERT- UND SINNERFAHRUNGEN ALS ZUGÄNGE ZU GELINGENDEM LEBEN

THEORIE

SINN

1. DIE MENSCHLICHSTE ALLER FRAGEN

Die Sinnfrage ist die menschlichste aller Fragen. Sie ist nicht gebunden an Alter und Geschlecht, an Kulturkreise und Bildungsschichten. Sie ist nicht nur die Frage der Verzweifelten, sondern auch, manchmal jedenfalls, die Frage derer, die das Leben grundsätzlich bejahen. Es gibt zwar Lebensphasen, in denen sie besonders vehement gestellt wird, z.B. in der Pubertät, in der Lebensmitte, an der Schwelle zum Alter oder auch in Krisenzeiten, die nicht altersspezifisch sind. Sie wird jedoch auch dann gestellt, vielleicht unausgesprochen, wenn ein Mensch über längere Zeit sein Gefühl für Selbstverantwortung verdrängt und unter „existentieller Frustration“ (Frankl) zu leiden beginnt.
Ob bewußt oder unbewußt, jeder Mensch fragt nach Sinn, denn er *glaubt* an Sinn: „Ob er es will oder nicht, ob er es wahrhat oder nicht - der Mensch glaubt an einen Sinn, solange er atmet. Noch der Selbstmörder glaubt an einen

[34] Kein Psychiater oder Psychotherapeut hat sich im 20. Jahrhundert so leidenschaftlich, tiefgründig und umfassend mit Sinn und Werten beschäftigt wie Viktor E. Frankl.

Sinn, wenn auch nicht des Weiterlebens, so doch des Sterbens. Glaubte er wirklich an keinen Sinn mehr - er könnte eigentlich keinen Finger mehr rühren und schon darum nicht zum Selbstmord schreiten“ [35].

2. WAS IST SINN?

Sinn ist das,

- was mir in den wechselnden Situationen meines Lebens als gehaltvoll, wesentlich und wichtig erscheint -
- das, was mich unmittelbar angeht und betrifft,
- das, woran ich mein Herz hängen kann,
- das, was mein Herz aus-wärmt, aus-füllt und höher schlagen läßt,
- das, wofür ich leben will und wofür zu leben sich lohnt,
- das jeweils Hauptsächliche in einer *Situation* und *im Leben überhaupt*.

Sinn ist das vorrangige Motiv menschlichen Lebens.
Sinn ist das, was der Mensch am meisten braucht.

3. DIE UNBEANTWORTBARE FRAGE NACH SINN

Es gibt weder eine *beweisbare* Antwort auf die Frage nach dem *Sinn des Weltganzen* noch eine Antwort auf die Frage nach dem Sinn des *Seins menschlicher Existenz*, also danach, warum und wozu wir Menschen überhaupt da sind. Diese Frage stellt uns vor ein unlösbares Problem. Antworten darauf lassen sich einfach nicht *denken.* War-

---

[35] Viktor E. Frankl: Der Wille zum Sinn, Bern/Stuttgart/Wien 1972, S. 118.

um nicht? Weil wir an Raum und Zeit gebunden sind und daher über die uns gesetzten Grenzen nicht hinaussehen und hinausdenken können [36].
Und doch *brauchen* wir eine Antwort auf die Frage, ob trotz dieser ungelösten Rätsel Sinn im Leben vorhanden sei. Woher sollten wir sonst das *Motiv* und die *Hoffnung* nehmen, nach Sinn überhaupt suchen zu wollen?

4. SINN KANN NICHT ERDACHT - ER MUSS ERLEBT WERDEN

Wenn ich die Fenster eines Domes von außen anschaue, sehe und erkenne ich weder deren Schönheit noch deren Motive. Gehe ich in den Dom hinein, dann leuchten mir ihre Farben entgegen, dann beginne ich, die aus den Formen und Farben sprechenden Geschichten zu verstehen.
Das bedeutet: Ob das Weltganze Sinn hat oder nicht, ob das einzelne Menschenleben Sinn hat oder nicht, - werde ich nur dann erfahren, wenn ich in den Dom des Lebens *hineingehe* -, wenn ich dem *konkreten* Leben in seinen wechselnden Situationen nicht mit dem Kopf allein, sondern auch mit dem Bauch, vor allem aber mit dem Herzen begegne.

---

[36] Albert Einstein: „Falls Gott die Welt geschaffen hat, war seine Hauptsorge sicherlich nicht, sie so zu machen, daß wir sie verstehen können." Zitiert in Denkanstöße 2000, S. 185. - Derselbe: „Nach dem Sinn der eigenen Daseins sowie des Daseins der Geschöpfe überhaupt zu fragen, ist mir von einem objektiven Standpunkte aus stets sinnlos erschienen." In. Wie ich die Welt sehe, S. 358.

5. DIE GRUNDVORAUSSETZUNG FÜR SINNFINDUNG

Wer im Dom keine leuchtenden Fenster erwartet, wird sie dort auch nicht suchen. Wer nicht an die Liebe, die Freiheit, das Glück glaubt, wird sie auch nicht finden. Das heißt: Die *Suche* nach Sinn setzt *Vertrauen* in das Vorhandensein von Sinn voraus. Zugleich aber gelangt zum Vertrauen in das Vorhandensein von Sinn nur der, der Sinn im Leben *sucht*.

6. SINN KANN JEDER NUR FÜR SICH FINDEN

Weil jeder Mensch einzigartig und unverwechselbar ist, kann keiner dem anderen sagen, worin der Sinn für ihn besteht. Jeder hat seine eigenen Gene, seine eigene Geschichte, sein eigenes Geschick, seine eigene Freiheit - und deshalb kann keiner auf seiner Suche nach Sinn von einem anderen vertreten werden. Daher gibt es keine konkreten „Rezepte" für ein sinnvolles Leben, wohl aber *Leitlinien* (= Werte).

7. JEDER HAT SEINE EIGENE AUFGABE

„Das Leben stellt jedem eine andere, einmalige Aufgabe, und so gibt es auch nicht eine angeborene oder vorherbestimmte Untauglichkeit zum Leben, sondern es kann der Schwächste und Ärmste an seiner Stelle ein würdiges und echtes Leben führen, einfach dadurch, daß er seinen nicht selbstgewählten Platz im Leben und seine besondere Aufgabe annimmt und zu verwirklichen sucht" [37]. Ein großar-

[37] Hermann Hesse, Lektüre für Minuten, Frankfurt/M. 1971, S. 70.

tiger Gedanke! Denn er bedeutet, daß selbst der Mensch, der es nicht leicht im Leben hat, sinnvoll leben kann, wenn er begreift, wo seine *Grenzen* sind und seine *freien* Räume - und also der *Platz*, an den er gestellt ist.

8. SINN IST IN ALLEN LEBENSBEREICHEN ZU FINDEN

Die Suche nach Sinn bezieht sich auf *alle* Bereiche des Lebens, auf die dunklen ebenso wie auf die hellen. Die Suche nach *Glück* konzentriert sich nur auf die hellen. Daher kommt es vor, daß der, der nur das Glück sucht, sein *eigenes* Leben halbiert und sinn-*voll* nicht lebt.

9. LEBEN WILL ANGENOMMEN SEIN

Alles, was ich ablehne, entzieht sich mir in seinem Wesen, verschließt mir den Zugang zu sich, bleibt mir fremd, verhindert mein Verstehen. Leben will angenommen, will nicht abgelehnt sein. Nichts zeigt sich mir in seinem Wesen und Sinn, wenn ich es verneine. Deshalb kommt es darauf an, daß ich mich *für* Leben *entscheide*, daß ich in den „Dom" *hineingehe*, selbst und gerade dann, wenn ich es bislang nicht sinnvoll fand.

10. SINN BETRIFFT DEN GANZEN MENSCHEN

Sinnerfüllung und Sinnmangel betreffen den ganzen Menschen - seinen Körper, seine Seele und seinen Geist. Das bedeutet konkret: Wenn ein Mensch über längere Zeit nicht oder nicht ausreichend Sinn erfährt, kann er an Leib und Seele erkranken [38]. Erfährt er dagegen *das* Maß an Sinn, das ihm persönlich entspricht, dann hat er gute Chancen, gesund zu bleiben -, dann bejaht er nicht nur sein Dasein, sondern kann selbst das ertragen, was den an Sinnmangel Leidenden zur Verzweiflung triebe.

WERTE

1. WAS SIND WERTE? [39]

- Werte sind „Sinnuniversalien“ (Frankl), Leitlinien auf der Suche nach Sinn.
- „Werte sind allgemeine und grundlegende Orientierungsmaßstäbe für Handlungen“ [40].
- Werte sind *Gründe* für sinnvolles Leben. (Sinnerfahrung ist daher die Folge von Werterfahrung) [41].

2. WERTE SIND IMMER VORHANDEN

Solange ein Mensch lebt, begegnet er Werten, und solange er lebt, begegnet er in den wechselnden Situationen seines Lebens *mehreren* Werten. Daher ist „Menschsein“ notwendigerweise „entscheidendes Sein“ (Karl Jaspers)

---

[38] Siehe z.B.: Viktor E. Frankl, Theorie und Therapie der Neurosen, Einführung in die Logotherapie und Existenzanalyse, München/ Basel 1993, 7. Aufl., S. 131 ff.

[39] Zum Wert-Begriff mit seinen vielen Facetten siehe: Karlheinz Biller, Der Wert-Begriff, in: Kompendium der Logotherapie und Existenzanalyse, Tübingen 1995, S. 117 ff.

[40] ebd., S.117.

[41] Siehe dazu auch: Wer ist der Mensch, Theorie, Punkt 5.

und daher eine Herausforderung dazu, so frei wie möglich zu werden, um jeweils *frei* zwischen den sich anbietenden Werten wählen zu können.

3. WERTE SIND LEBENSKRÄFTE

„Werte sind dynamische Größen, Brenngläsern gleich, die die Lebenskraft der Person bündeln". Sie sind „der geistige Nährstoff der Person, sind das Bewegende im Leben, sind das, was das Herz zu erwärmen vermag"[42].

Alles, was einen Menschen motiviert, *sinnvoll* zu leben, ist ein geistiger, daher spezifisch menschlicher Wert -, die Liebe zum Beispiel, die Freiheit, die Verantwortung, der Mut, die Religiosität, die besondere Aufgabe oder etwa die Fähigkeit, standzuhalten.

Veränderungen im Menschen bewirken diese Werte allerdings erst dann, wenn sie für ihn *attraktiv* (anziehend) werden und er sich von ihnen anziehen *läßt* -, wenn er sich mit ihnen befaßt, sich mit ihnen vertraut macht, sich in sie ein-denkt, ein-fühlt, ein-träumt, ein-lebt etc. *Dann* motivieren sie ihn zu konkretem Denken, Fühlen und Handeln.

4. DER WICHTIGSTE WERT

Es gibt nur *einen* normativen Wert: die *Liebe*. Liebe umfaßt alle anderen spezifisch menschlichen Werte. Liebe ist Ausdruck der *Bejahung* von Leben und also *der* Grund

---

[42] Alfried Längle, Wertberührung, Bedeutung und Wirkung in der existenzanalytischen Therapie, in: Wertbegegnung, Tagungsbericht Nr.1 und 2/1991 der Gesellschaft für Logotherapie und Existenzanalyse, S. 25.

für sinnvolles Leben überhaupt. Je mehr ein Mensch liebt, desto sinnvoller lebt er. Je weniger er liebt, desto weniger Sinn erfährt er. *Was* in den wechselnden Situationen des konkreten Lebens jeweils wert ist zu leben, erkennt deshalb vor allem der, der liebt.

5. SELBSTSICHT UND WERTERFAHRUNG

Je mehr sich ein Mensch selbst bejaht, desto tiefer ist sein Werterleben. Je weniger er sich selbst bejaht, desto geringer ist sein Werterleben. Zugleich gilt: Je mehr sich ein Mensch auf Werte ausrichtet, desto *wertvoller* fühlt er sich. Je weniger er sich auf Werte ausrichtet, desto *wertloser* fühlt er sich.

FAZIT:

- *Wert-leeres* Leben erzeugt Sinnkrisen und, wenn sie andauern, Krankheiten an Körper und Seele. *Wertvolles* Leben ist sinnvolles und daher gelingendes Leben. *Sinn-volles* Leben ist bejahendes Leben und also primäre Voraussetzung zur *Prävention* von Konflikten, Störungen und Erkrankungen.

PRAXIS - ZUGÄNGE ZU WERT- UND SINNERFAHRUNGEN

1. IN DIE „WÜSTE“ GEHEN

Wer nicht mehr oder zu wenig Sinn in seinem Leben sieht, muß in die „Wüste“ gehen. Die „Wüste“, die ich meine, ist die Stille.

Es lebe im Menschen ein geheimes Wissen darum, hat Graf Dürckheim einmal gesagt, daß die rechte Stille, nach der sich die Seele sehne, mehr sei als nur das wohltuende Fehlen von Lärm, mehr als ein bloßes Gegengewicht an Ruhe gegen Unruhe und Überforderung seines Leibes, mehr als die bloße Voraussetzung alles Lebens im Geiste, mehr als die Bedingung seelischer Gesundheit und die glückhaften Lebens -, daß sie vielmehr gleichbedeutend sei mit der Erfahrung des sich erfüllenden Lebens selbst [43].
Wer jedoch nicht gleich zu solch tiefen Erfahrungen gelangt, kann immerhin dieses erleben:
Wer sich mit sich allein sein läßt, wird mit dem konfrontiert, was er *im Grunde* seiner Seele denkt und fühlt, was er *hat* und was ihm *fehlt*. Er begegnet - mehr als bisher - sich selbst.
Seine Unruhe wird ihm deutlicher und seine Angst, seine Niedergeschlagenheit und seine Leere. Er fühlt die Ungelöstheiten in seinem Herzen und beginnt zu verstehen, wodurch sie entstanden sind. Und vielleicht ahnt er die nächsten Schritte, die er gehen sollte, um sich von dem, was ihn bedrängt, zu befreien.
Wer sich mit sich allein sein läßt, beginnt auch zu ahnen, wie wenig er sich kennt, und wieviel ungelebtes Leben noch immer darauf wartet, aus-gelebt zu werden.
Die „Wüste" ist der Ort, an dem ein Mensch „geistesgegenwärtig" wird, an dem er sich erkennt und *neue* Bilder sieht von dem, was im Leben möglich ist.
Gibt es eine Hilfe, *überhaupt erst* in die Stille hineinzukommen? Es gibt sie. Ich nenne sie „*Inneres Kino*":

---

[43] Karlfried Graf Dürckheim, Japan und die Kultur der Stille, 1981, 7. Aufl., S. 9.

- Setzen Sie Sich bequem hin und schließen Sie die Augen.

Nehmen Sie die Spannungen im Körper nur wahr. Nehmen Sie die sich aufdrängenden Gedanken nur wahr - und *studieren* Sie beide: die Spannungen im Körper und die Gedanken.
Verändern Sie *nichts*, weder körperlich noch seelisch -, bis „es" still wird in Ihnen.

Majuaq, eine greise Eskimofrau, erzählte mit großen Handbewegungen die folgende Geschichte: „In alten Tagen feierten wir jeden Herbst große Feste zu Ehren der Seele des Wales, und diese Feste mußten stets mit neuen Liedern eröffnet werden; alte Lieder durften nie gesungen werden, wenn Männer und Frauen tanzten, um den großen Fangtieren zu huldigen. Und da hatten wir den Brauch, daß in jener Zeit, in der die Männer ihre Worte zu diesen Hymnen suchten, alle Lampen ausgelöscht werden mußten. Es sollte dunkel und still im Festsaal sein.
Nichts durfte stören, nichts zerstreuen. In tiefem Schweigen saßen sie in der Dunkelheit und dachten nach, alle Männer, sowohl die alten wie die jungen, sogar die kleinsten Knäblein, wenn sie eben nur so groß waren, daß sie sprechen konnten. Diese Stille nannten wir Quarrtsiluni .. Sie bedeutet, das man auf etwas wartet, das aufbrechen soll. Denn unsere Vorväter hatten den Glauben, daß die Gesänge in der Stille geboren werden. Dann entstehen sie im Gemüt des Menschen

und steigen herauf wie die Blasen aus der Tiefe des Meeres, die Luft suchen, um aufzubrechen" [44].

2. SINNFINDUNGSBARRIEREN

Es gibt Barrieren vor den „Orten", an denen Sinn gefunden werden kann. Diese Barrieren haben oft einfache Namen. Sie heißen z.B. Trotz, Selbstmitleid, Neid, Geltungssucht, Aggressivität, Maßlosigkeit, Ichbezogenheit, Unwahrhaftigkeit. Sie sind die Gegenspieler jener Gedanken, Gefühle und Handlungen, die die Bedingungen für ein gelingendes Leben sind.
Wer sich dem stellt, was ihm den Weg zum Sinn verstellt, beginnt, *sich* zu verstehen, zu sich zu stehen. Er sieht klarer, verhält sich klarer, beginnt zu ahnen, was wirklich wichtig ist - , und verbraucht auch weniger Kraft, weil er weniger verdrängt.

Es gibt keine runde, befriedigende, beglückende Sinnerfahrung, wenn jemand sich nicht so verhält, wie seine eigene Seele es von ihm erwartet. Wer gegen sich selbst lebt und also gegen das, was er *im Grunde* will -, wie sollte der mit sich eins sein und Sinn erfahren?
Die wichtigsten Sinnfindungsbarrieren liegen in aller Regel nicht „draußen", sondern „drinnen", in der eigenen Seele. Und wer sie allen Ernstes erkennen möchte, dem hilft vor allem eine einfache Frage weiter. Sie lautet:

- *Was* gestehe ich, sogar mir selbst, ungern ein?

---

[44] In: Hubertus Halbfas, Der Sprung in den Brunnen, Düsseldorf 1981, S. 23 f.

3. WER NEUEN SINN WILL, KANN ALTE ERINNERUNGEN WECKEN

Wer nicht mehr oder zu wenig Sinn in seinem gegenwärtigen Leben sieht, kann sich an das erinnern, was Sinn für ihn einmal gewesen ist: an die befriedigende Arbeit, an die bezaubernde Liebe, an die Geburt des Kindes, an den Tag, an dem der Mut stärker war als die Angst, an all das, wofür er gern leben mochte.
Es ist so wichtig, sich an die alten Sinn-Bilder zu erinnern, wenn neue sich noch nicht oder nicht mehr zeigen -, um wieder das *Gefühl* für Sinn zu spüren, um sich von den alten guten Gründen für Leben *an-wärmen* und den Drang nach neuem neu *auf-kommen* zu lassen. Denn was wir an gelingendem Leben erlebt, erfahren und verinnerlicht haben, kann uns vor Augen führen, wie stark unser Gefühl für Leben einmal war und, vielleicht, noch immer ist. Viele Teilnehmer der „Schule des Lebens" haben die Erfahrung gemacht, wie belebend diese Rück-Schau ist. Die „Methode" ist ganz einfach:

- Schließen Sie die Augen. Erinnern Sie eine sinnvolle Situation der Vergangenheit.
  Wo war das? Wie sah der Ort aus?
  Wie war die Stimmung?
  Welche Farbe dominierte?
  Gab es einen bestimmten Geruch?
  Spielte Musik?
  Wer war dabei etc.?
  Bleiben Sie so lange in der Situation, bis Sie das Sinngefühl von damals wiedererleben.

4. HIER UND HEUTE IST SINNERFAHRUNG MÖGLICH

„Es gibt etwas, was man an einem einzigen Ort in der Welt finden kann. Es ist ein großer Schatz, man kann ihn die Erfüllung des Daseins nennen. Und der Ort, an dem dieser Schatz zu finden ist, ist der Ort, *wo man steht*“ [45]. Das bedeutet: Das, was mir *in dieser Situation* begegnet, was mir *heute* vom Schicksal zugeteilt ist, was mich *gegenwärtig* zum Leben herausfordert, ist *die* Gelegenheit, mein Dasein wert- und also sinnvoll zu erleben - hier an *diesem* Ort, jetzt in *dieser* Zeit.
Daseins-*Erfüllung* erlebe ich, wenn ich den konkreten Rahmen meines Lebens so weit wie möglich ausfülle. Voll von Leben ist mein Tag, wenn ich die Möglichkeiten ausschöpfe, die ich in *ihm* vorfinde.
Nicht die Menschen an sich, nicht die Dinge an sich, nicht die Feste des Lebens an sich füllen unser Dasein aus, sondern unsere von dem Wunsch geleitete Einstellung zu ihnen, sie hier und heute zum Schatz werden zu lassen. Darf ich Sie an diese bekannte Legende erinnern?

> *Es waren zwei Mönche, die lasen miteinander in einem alten Buch, am Ende der Welt gebe es einen Ort, an dem Himmel und Erde sich berühren. Sie beschlossen, ihn zu suchen und nicht umzukehren, ehe sie ihn gefunden hätten.*
> *Sie durchwanderten die Welt, bestanden unzählige Gefahren, erlitten alle Entbehrungen, die eine Wanderung durch die ganze Welt fordert, und alle*

---

[45] Martin Buber, Der Weg des Menschen nach der chassidischen Lehre, Heidelberg 1986, S. 45.

Versuchungen, die einen Menschen vom Ziel abbringen können. Eine Tür sei dort, hatten sie gelesen. Man brauche nur anzuklopfen und man befinde sich bei Gott.
Schließlich fanden sie, was sie suchten. Sie klopften an die Tür. Bebenden Herzens sahen sie, wie sie sich öffnete. Und als sie eintraten, standen sie zu Hause in ihrer Klosterzelle. Da begriffen sie: Der Ort, an dem Himmel und Erde sich berühren, befindet sich auf dieser Erde, an der Stelle, die Gott uns zugewiesen hat.

5. WERTVOLLE BEZIEHUNGEN MACHEN WERTVOLLEN SINN

Ich gehe von der Voraussetzung aus, daß der weitaus größte Teil der Sinnproblematik in mißlingenden Beziehungen von Mensch zu Mensch begründet ist. Der *Ur-Sprung* dieser Konflikte liegt vor allem darin, *daß wir zu wenig sagen, was wir denken und fühlen, und daß wir zu wenig tun, was wir sagen.* Wir begegnen uns oft mit Masken und zeigen wenig unser Gesicht.
Es gäbe eine Lösung. Der große Menschenkenner Martin Buber hat sie so beschrieben:

- „Es kommt einzig darauf an, bei sich zu beginnen, und in diesem Augenblick habe ich mich um nichts anderes in der Welt als um diesen Beginn zu kümmern. Jede andere Stellungnahme lenkt mich von meinem Begin-

> nen ab, schwächt meine Initiative, vereitelt das ganze kühne und gewaltige Unternehmen“ [46].

Schieben Sie, lieber Leser, einen Augenblick Ihre Einwände beiseite und lassen Sie zunächst einmal diese Sätze auf sich wirken ...
Spüren Sie die Wohltat, die schon von der bloßen Vorstellung ausgeht, sich nicht mehr permanent darüber Gedanken machen zu müssen, warum und wozu der andere Ihnen Unrecht getan hat?
Ahnen Sie, welches Maß an Energie wir einsparen könnten, wenn wir darauf verzichteten, all das, wofür wir selbst verantwortlich sind, auf andere zu schieben?
Das wäre ein freieres Leben. Das wäre gelebte Freiheit. Das wäre auch die Hauptvoraussetzung dafür, Sinn im Leben zu finden.
Bei sich selbst beginnen ...

6. NICHT AUSWEICHEN

Manchmal wünsche ich mir Engelszungen, so z.B. jetzt, um Ihnen, lieber Leser, die Bedeutung dieses Punktes nahebringen zu können:
Weichen Sie so wenig wie möglich aus - vor Menschen nicht, vor Aufgaben nicht, vor Möglichkeiten des Glücks nicht - vor sich selbst nicht! Jede freie und verantwortliche Entscheidung, die zur Tat wird, schafft Sinn in der Situation, in der Sie sich befinden, und weit darüber hinaus. Denn gelebte Freiheit und gelebte (Selbst)Verantwortung sind *die* Bedingungen für Sinnerfahrung.

---

[46] Martin Buber, Der Weg des Menschen, Heidelberg 1986, 9. Aufl., S. 32 f.

Um dieses Kunststück so gut wie möglich fertigzubringen, rate ich Ihnen, sich 4 Wochen lang an jedem Abend kurz die Situationen zu vergegenwärtigen, in denen Sie an Ihrem Vorhaben gescheitert sind, und sich darüber Aufzeichnungen zu machen. Sie würden schon bald sensibilisiert sein für die möglichen „Fallen" und gewiß der einen oder anderen Niederlage entgehen. Vor allem: Sie würden sich wundern, in welch starkem Maße sich Ihr Leben veränderte.

> *Ein Träumer steht in einem trüben, aber stillen Gewässer. Er weiß nicht, was er tun soll. Er beginnt sich zu langweilen. Da sieht er wenige Schritte von sich entfernt klares, doch turbulentes Wasser. Einerseits zieht es ihn magisch an, andererseits hat er Angst davor. Was soll er tun?*
> *Er geht nach vorn. Er geht ins klare, aber turbulente Wasser. Er fühlt dessen Klarheit und Lebendigkeit. Dann wankt er, denn das Wasser droht ihn umzuwerfen. Einen Augenblick versucht er, standhaft zu bleiben, doch nur einen Augenblick. Dann resigniert er - und weicht zurück in das sichere, aber trübe Gewässer.*
> *Als er erwacht, bleiben ihm nicht einmal die Tränen über das verlorene Spiel.*

7. WÜNSCHE SIND LOTSEN ZUM SINN

Wer nicht mehr oder noch nicht Sinn in seinem Leben sieht, sollte wieder einmal nach seinen Wünschen fragen, denn Wünsche können Lotsen zum Sinn sein.

Wünsche zeigen sich in wärmenden Gedanken, freudigen Impulsen, lang gehegten Phantasien. Nicht alle Wünsche lassen sich verwirklichen, nicht alle sind Vorbereiter für Sinn, aber *einige*, und auch nicht wenige.
Wünsche zeigen an, wer wir sind, wonach wir Verlangen haben, was wir brauchen. Jene aber, die uns nicht treiben oder drängen, sondern uns *herausfordern*, sind in aller Regel die Werte, die Sinn-volles versprechen.

Mag sein, daß mancher nicht zu der von ihm gewünschten Freundschaft kommt, weil er nur nach dem *besten* Freunde sucht. Mag sein, daß mancher nicht dazu kommt, Befriedigendes zu tun, weil er nur die *eine* Aufgabe sucht. Es gibt eben Zeiten, in denen unsere *großen* Wünsche nicht erfüllt werden, auch wenn wir uns noch so sehr darum bemühen. Dann aber besteht die Lebenskunst darin, herauszufinden, was *heute* wertvoll sein könnte - und *darin* das volle Leben zu sehen.

Manche Menschen scheinen ihre Wünsche nicht (mehr) zu kennen. Ob das stimmt? Ob ihre Träume ihnen *keine* Sinn-Bilder mehr schenken? Ob sie wirklich ihre Neigungen und Begabungen vergessen haben? Ob da gar nichts mehr ist, wonach sie sich ausstrecken könnten?
Kann es sein, daß die, die so reden, die *Suche* nach ihren Wünschen aufgegeben haben? Wenn das so wäre, dann hätten sie das Wichtigste aufgegeben: die *Suche* nach den *Hauptsachen* im Leben.
Wer tatsächlich keine Wünsche mehr kennt und darunter leidet, braucht dringend fachliche Hilfe.

8. DIE LUST AN DER VERANTWORTUNG ENTDECKEN

Manchmal geht es im Leben gar nicht mehr um *unsere* Wünsche und auch nicht darum, was uns zusteht. Wir sehen uns plötzlich vor Aufgaben gestellt - in Familie, Beruf, öffentlichem Leben -, Aufgaben, die darauf warten, übernommen zu werden, und zwar von uns!
Bin ich nicht, fragen wir vielleicht, für diese Aufgabe zu *schwach*? Oder: Warum sollte ausgerechnet *ich* mich dafür zur Verfügung stellen? Oder: *Dafür* also bin ich gut genug? Es kann sein, daß unsere Motivation für das, worum es jeweils geht, denkbar gering ist. Und dann?

- *Ich sehe* auf die Aufgabe, die auf *mich* wartet.

Ich höre in mir die Frage: *Wer, wenn nicht ich*, käme in Frage? Und keine entlastende Antwort kommt.
Dann mache ich mich an die Aufgabe heran - widerwillig, mürrisch, frei von jeder Lust. Vielleicht ist das, was vor mir liegt, noch unangenehmer als erwartet.

Dann ahne ich, daß ich die Aufgabe bewältigen könnte,
daß ich nicht scheitern muß.
Nach und nach gewinne ich eine Beziehung zu ihr -,
gewinne auch eine andere Beziehung zu mir.
Freude kommt auf, vorsichtig zunächst -
und hin und wieder, ganz verstohlen, sogar Lust.
Ich beginne, *Sinn* in dem zu fühlen, was sich mir heute in den Weg stellte. Ich beginne auch, *mich* wert zu fühlen.

9. DIE INNERE WELT KENNENLERNEN

Sinnerfahrung - das ist auch und im besonderen Erfahrung der uns nicht bewußten inneren Welt. Wer über längere Zeit seine Träume ansieht und sie nicht zu bloßen Phantasien herabwürdigt, wird eine Ahnung von der Weite und Tiefe des inneren Lebens bekommen.
Die innere Welt ist der Bereich von Leben, für den andere Regeln gelten als für unsere Bewußtsein. Er ist anders, aber nicht weniger wirklich. Er ist fremder, aber nicht weniger wichtig. Er scheint ferner, und doch ist er nah wie unser bewußtes Leben.
Die innere Welt ist eine Welt der Bilder: der Gestalten, der Farben, des Lichts und der Dunkelheit - eine Welt der Gefühle, Ahnungen, Ideen. Sie ist eine Welt, aus der heraus wir spüren, was für uns sinnvoll ist und was nicht, welche Wege wir gehen sollten und welche nicht. Sie ist der „Ort", an dem die „Weisheit des Herzens", die Intuition, zu Hause ist. Und nicht zuletzt ist die innere Welt der „Ort", von dem aus die Brücke beginnt zu jener anderen, von Menschen unterschiedlich benannten Welt: zur Tiefe des Seins, zum Lebens-Grund, zu Gott. Die innere Welt ist offen zur Transzendenz.
Es gibt keine vertiefte Sinnerfahrung ohne Begegnung mit der inneren Welt. Wer nicht oder kaum mit ihr Berührung hat, erfährt sich *selbst* nur halb. Das wäre so, als wollte man lieben ohne Herz.

Es gibt verschiedene Wege zu dieser Welt, doch manche, die beschrieben und gepriesen wurden, sind kein Weg zum Sinn. Deshalb kann es gut sein, erfahrene Menschen um Rat zu fragen. Drei Wege für den Anfang möchte ich Ihnen vorschlagen:

• Wer häufig Märchen liest und sich in die Welt ihrer Sinn-Bilder mitnehmen läßt, wird im Lauf der Zeit erleben, daß er sich zu verändern beginnt, daß er ruhiger und ausgeglichener wird, mehr Wärme in sich fühlt, daß er auch in der „Realität“ mehr sieht, mehr fühlt, daß er mehr vom Leben hat, weil seine bewußte und seine unbewußte Welt zusammenrücken und er mehr als bisher mit sich eins wird.

• Unsere Träume sind unbestechliche *Kritiker* unserer Haltung dem Leben gegenüber und unserer Lebensführung. Zugleich sind sie, wie manche Wünsche, *Lotsen* auf dem Weg zum Sinn.
Wir können Träume wie Märchen lesen. Je häufiger wir uns mit ihnen beschäftigen, desto vertrauter werden sie uns. Und je vertrauter wir mit ihnen werden, desto leichter werden wir herausfinden, was sie uns sagen wollen von den Gründen des Lebens und auch davon, warum wir sie nicht finden [47].

Einst stritten ein Alptraum und ein Wunschtraun darüber, welcher von beiden der wichtigere sei. Der erste warf dem zweiten vor, er führe die Menschen nur auf glatte Wege. Der Wunschtraum dagegen hielt dem Alptraum vor, er verbreite in den Träumern so viel Angst, daß sie dem Leben nicht vertrauen könnten.
Der Weisheitstraum, der aus einiger Entfernung den Streitenden zugehört hatte, gesellte sich zu ihnen und sagte nur: „Wenn die Menschen ihre verborgenen Wünsche nicht mehr fühlen könnten

---

[47] Siehe dazu: Uwe Böschemeyer, Sprache der Träume, Lahr 1998.

und auch nicht ihre verborgene Angst, dann wären sie wie Zugvögel, die das Sonnenland vergessen haben, und wie Rehe, die die Jäger nicht mehr spüren."
Die beiden Träume verstanden, was der weise Traum ihnen hatte sagen wollen, und begruben ihren Streit[48].

- Schließen Sie die Augen. Legen Sie beide Hände auf die Mitte Ihres Körpers. Schauen Sie sich an, wie es in Ihnen von selbst atmet.
Lassen Sie die Wärme Ihrer Hände in Ihren Körper einfließen und unter den Händen einen Kreis entstehen. Schreiben Sie mit Ihrer inneren Hand das Wort SINN in den Kreis - und warten Sie darauf *zu*, daß sich Ihnen Sinn-Bilder zeigen oder sich eine Sinn-Geschichte entwickelt.
Bleiben Sie bei den Bildern, bis Sie das Sinngefühl tief in sich aufgenommen haben.

10. LIEBE IST DIE TIEFSTE SINNERFAHRUNG

Es gibt etwas, was die angstvolle Frage nach Sinn zur Ruhe kommen lassen könnte. Wahrscheinlich sehnen wir uns danach mehr als nach irgend etwas anderem. Nichts befreit uns mehr, nichts füllt uns mehr aus, nichts ist heilsamer als dieses menschlichste aller Gefühle. Ich meine die Liebe.
Die Liebe, die ich meine, ist ein *unteilbares* Gefühl. Sie ist nicht an bestimmte Personen oder überhaupt an etwas

---

[48] Uwe Böschemeyer: Quellen des Lebens, Meditationen für den neuen Tag, Lahr 1995, 26. Januar.

Bestimmtes gebunden. Sie bleibt auch nicht an einem Ort. Die Liebe, die ich meine, ist eine bestimmte, wohlwollende Haltung dem Leben gegenüber: ein Ja zu ihm und zu mir selbst.
Die Liebe ist ein Existential, ein zu jedem gehörendes Gefühl, ob es ihm bewußt ist oder nicht. Es mag verschüttet sein oder wenig entwickelt -, die Liebe bleibt als *reale Möglichkeit*, solange wir leben. Selbst Menschen mit einer schweren Lebensgeschichte sind davon nicht ausgenommen. Das haben viele wertorientierte Imaginationen eindrucksvoll gezeigt.

Kann man zu lieben lernen? Kann man auch die unterentwickelte oder verschüttete Liebe (wieder) zum Vorschein bringen? Man kann. Das Geheimnis liegt in der *Anschauung:*

- Je mehr ich Menschen, Tiere, Pflanzen, Leben *anschaue*, desto mehr nehme ich sie wahr. Je mehr ich sie wahrnehme, desto mehr erkenne ich ihr Wesen. Je mehr ich ihr Wesen erkenne, desto mehr staune ich über sie. Je mehr ich über sie staune, desto mehr achte ich sie.
  Je mehr ich sie achte, desto mehr respektiere ich ihre Andersartigkeit. Je mehr ich ihre Andersartigkeit respektiere, desto mehr kommt mir das andere Leben entgegen. Je mehr mir anderes Leben entgegenkommt, desto lieber gehe ich darauf zu. Je mehr mir anderes Leben entgegenkommt und ich darauf zugehe, desto näher sind wir uns.
  Je näher wir uns sind, desto tiefer erkennen wir *uns* in unserem Wesen. Je tiefer anderes Leben mich in meinem Wesen erkennt, desto mehr fühle

ich mich angenommen. Je mehr ich mich angenommen fühle, desto leichter und wohlwollender sehe ich anderes Leben an. Hier schließt sich der Kreis.

- Schließen Sie die Augen. Schauen Sie sich an, wie es in Ihnen von selbst atmet.
Legen Sie beide Hände auf Ihr Sonnengeflecht. Lassen Sie die Wärme Ihrer Hände in das Sonnengeflecht einfließen. Schauen Sie mit Ihren „inneren Augen" *in* das Sonnengeflecht hinein. Schreiben Sie mit Ihrer inneren Hand das Wort LIEBE hinein - und warten Sie auf die Bilder, die sich Ihnen zeigen.
Bleiben Sie bei dem, was sich Ihnen zeigt, bis Sie das Gefühl der Liebe tief in sich aufgenommen haben.

11. SINNERFAHRUNG TROTZ LEIDERFAHRUNG

Vielleicht gehören Sie zu den Menschen, die alles verloren haben, was ihnen wichtig war: die Liebe, die Arbeit, die Gesundheit, so daß Sie sich fragen, ob Sie und wie Sie ohne „das alles" weiterleben können.
Ob Sie *alles* verloren haben?
Vielleicht sind Sie im Lauf der Zeit müde geworden von zu vielen Niederlagen und haben die Hoffnung aufgegeben, daß auch Sie noch einmal fühlen könnten, wohin Sie gehören und wo Sie zu Hause sind. Vielleicht denken Sie, das Leben habe Sie verlassen.
Ob *das Leben* Sie verlassen hat?

Manchmal kann es gut sein, sich für eine Weile einfach sein zu lassen, der Müdigkeit den Raum zu geben, den sie braucht - und nichts mehr von sich und anderen zu erwarten. Manchmal bleibt unsere Seele zurück, wenn sie nicht mehr weiter kann. Dann bleibt uns selbst nichts mehr, als darauf zu warten, daß sie nachkommt, uns einholt und wieder auszufüllen beginnt. Dieses Warten darf sein. Es muß auch sein, denn die innere Welt richtet sich nach Regeln, die oft ganz anderes sind als die der äußeren, leistungsorientierten Welt.

Vielleicht aber sagen Sie, Ihr Leben sei immer schon sinnlos gewesen.
Immer schon? Sie haben noch nie Sinn gefühlt? Alles, was Sie erlebten, empfanden Sie als sinnlos? Sie kennen keine Freude, keine gute Zeit? Das wäre bedrückend.
Wer sagt, er habe Sinn noch nie erfahren, sollte sich fragen, ob er wirklich meint, was er sagt, und ob es zutrifft, was er meint.
Menschen, deren Leben schwer war, neigen dazu, ihre dunklen Erfahrungen zu verallgemeinern -, aus Trotz, aus verkapselter oder offener Wut, vielleicht auch aus Haß gegen alles, was lebt. Nicht selten jedoch liegt unter dieser Abwehr von Leben - so merkwürdig es klingt - eine letzte Glut verzweifelter Liebe zum Leben.
Wer sagt, er habe Sinn noch nie erfahren, muß sich deshalb auch fragen, ob er will, was er tut, nämlich: sich immer wieder einzutrotzen, einzuwüten, einzuhassen - und die darunter liegende letzte Liebe sterben zu lassen. Ich höre noch immer den Satz meines Lehrers Frankl in mir: „Man kann auch Sinn verweigern ...“

Nun gibt es allerdings auch Menschen, die „alles“ verloren und die gelernt haben, ihr Leid zu *gestalten* - und die gerade dadurch zu tiefer Sinnerfahrung gelangt sind.
Nein, diese Menschen lieben nicht das Schwere in ihrem Leben, sie lieben *das Leben.* Sie lieben das Leben *trotz* der Schwere und haben zweifellos lange gebraucht, bis sie sich zu dieser Lebenseinstellung durchringen konnten.
Wie haben sie das gelernt?

- Vor allem dadurch, daß sie begriffen haben, daß es entscheidend ist, *worauf man sieht:* auf das, was man *nicht* (mehr) ist, *nicht* (mehr) hat, *nicht* (mehr) kann - oder darauf, welche Möglichkeiten *noch immer* oder *gerade jetzt* offenstehen.

Unser Leben wird von dem bestimmt, was wir zur Hauptsache machen. Machen wir das Leiden und die damit verbundenen Einschränkungen, Bedrängnisse oder Verluste zum Hauptsache, dann wird unser Denken, Fühlen und Handeln, dann werden all unsere Beziehungen zum Leben von diesem *einen* Thema bestimmt. Dann liegen allerdings auch die meisten attraktiven Möglichkeiten, die unsere Tage trotz allem lebendig machen könnten, im Schatten des Leidens und bleiben unerreichbar fern.
Liegt uns jedoch *das Leben selbst* am Herzen, dann werden wir hier und heute aus den konkreten Lebenssituationen an Wertvollem herausleben, was herauszuleben ist. Dann werden wir das Schwere zwar nach wie vor nicht übersehen können, es wird jedoch nach und nach seine tragische Bedeutung verlieren.

Ob Leben gelingt oder nicht, ob Leid sich gestalten läßt oder nicht - alles hängt davon ab, ob wir da-sein, ob wir leben, ob wir *das Beste* aus unserem Leben herausholen wollen oder nicht. Die Entscheidung darüber, ob wir auf das eine oder das andere sehen, nimmt uns glücklicherweise niemand ab. Denn in dieser Freiheit liegt bekanntlich unsere Würde.

12. FRAGEN, DIE ZUGÄNGE ZU WERT UND SINN ERÖFFNEN

- Oft ist die Stille der „Ort", an dem sich neuer Sinn zu zeigen beginnt. Daß ich sie nicht aufsuche, liegt am Mangel an Zeit?

- Was sagt der *Sinn-Skeptiker,* was sagt der *Sinnsucher* in mir?

- Ist das, was ich jetzt bin und tue, das, was ich *hauptsächlich* sein und tun will? *Was* will ich hauptsächlich sein und tun? *Welchen* Wert, den ich meinem Gefühl nach hauptsächlich leben möchte, lebe ich gegenwärtig nicht?

- Welche der *typologisch* bedingten *Sinnfindungsbarrieren* verschließt mir die Zugänge zur Wert- und Sinnerfahrung: Aggression, Stolz, Unwahrhaftigkeit, Neid, Distanz, Angst, Maßlosigkeit, Machtgebaren, Sinnskepsis, (Hochmut)?
Welche *lebensgeschichtlich* oder *persönlich* bedingte Sinnfindungsbarriere verschließt mir die Zugänge: alte Verletzungen, Mangel an Lust an der Freiheit?

- Was wäre, wenn ich von heute an die Ursachen für meinen Sinnmangel nicht mehr bei *anderen* suchte?

- Sehe ich, höre, erfühle, erahne ich, worum es hier und jetzt *in Wirklichkeit* geht?

- *Führe* ich mein Leben?

- Ich habe *nichts*, was ich lieben könnte?
Nichts zeigt sich mir, was darauf wartet, geliebt zu werden ? Ob ich meine gute Weichheit verloren habe?

- Fühle ich deutlich genug, daß meine Tage, Sinn zu finden, *gezählt* sind? „Heute ist der erste Tag vom Rest meines Lebens."

- Ist das, was ich *gegenwärtig* erlebe, sinn-los?

In einer wertorientierten Imagination machte ein älterer Mann, der noch immer sich selbst und seinen Platz im Leben suchte, diese für ihn seltsame Erfahrung:

> *Er wanderte durch Städte und Landschaften, doch nirgendwo hatte er das Gefühl, angekommen zu sein. Schließlich mochte er nicht mehr weitersuchen. Da stieg er - es war um die Mittagsstunde - auf einen Baum, von dem aus er einen weiten Blick ins Land hatte. Er wartete und wartete, wartete auf einen Menschen, der ihm geben würde, wonach ihn so stark verlangte. Er wartete bis zum Abend. Doch niemand kam.*

Erst nach der Imagination ging ihm auf, daß ein Mensch dem großen Leben nicht diktieren kann, wann er die Suche nach der(inneren) Heimat beenden darf.

6. VOM GLÜCK, VON SICH BEFREIT ZU SEIN

VON DER FÄHIGKEIT, SEIN „KLEINES ICH" ÜBERSCHREITEN ZU KÖNNEN

THEORIE

1. DER EIN-SEITIGE BLICK AUF SICH SELBST UND SEINE AUSWIRKUNGEN

Auf meine Frage, welcher Satz seiner Auffassung nach für Menschen der wichtigste sei, antwortete mein alter Psychoanalytiker ohne zu zögern: „Ich sehe den anderen." Schon damals, vor etwa 30 Jahren, entsprach dieser Satz nicht mehr dem Geist der Zeit; er entspricht ihm heute erst recht nicht. Wichtig scheint heute vor allem zu sein, ob das, was geschieht, „mit mir zu tun hat", ob „ich nicht zu kurz komme", ob ich mich gegen andere „abgrenzen" kann, ob *ich* meinen Vorstellungen entsprechend bekomme und lebe, was ich und wie ich es will.

Keine Sorge, lieber Leser, ich habe nicht vor, Sie mit einer säuerlichen Abhandlung über den unguten Zeitgeist zu traktieren. Mir ist ja klar, daß die Jahrhunderte andauernde *Unterschätzung* der Bedeutung der *eigenen* Bedürfnisse, Wünsche und Vorstellungen die Menschen nicht gerade liebesfähiger, geschweige denn freier oder gar glücklicher gemacht hätte, im Gegenteil. Wer sich chronisch danach richtet, was Dogmen, Konventionen oder Mitmenschen von ihm erwarten, verliert sich selbst und damit seine Liebe zum Leben. Die Wende von der einseitigen Ausrichtung auf andere und anderes hin zur (vorläufigen)

Überschätzung der Bedeutung der eigenen Bedürfnisse, Wünsche und Vorstellungen war verständlich und notwendig. Schließlich ist es ein Gesetz des Lebens, daß große geistesgeschichtliche Veränderungen zunächst über das intendierte Ziel hinausschießen.
Worauf will ich hinaus?
Ich möchte zeigen - nicht moralistisch, sondern phänomenologisch -, daß die in unserer Zeit zu beobachtende Tendenz, das „kleine Ich“ in den Mittelpunkt zu stellen, das Gegenteil von dem bewirkt, wonach sich Menschen sehnen. Mit dem „kleinen Ich" meine ich das Egomane: den überstarken Drang, sich selbst zu wichtig zu nehmen, vor allem die *eigenen* Wünsche und Belange durchzusetzen und daher andere und anderes zu wenig im Blick zu haben. Ein einfaches Beispiel:

> *Ein Mann befindet sich auf einer Abendgesellschaft. Viele reden. Das Thema ist ihm leider nicht vertraut. Er weiß nichts dazu zu sagen. Er will aber etwas sagen, nicht, weil ihn das Thema interessiert, sondern deshalb, weil er bemerkt werden will. Zunächst schweigt er. Bald hört er nicht mehr zu. Angespannt sitzt er da. Sein Gesicht verkrampft sich. Nervös achtet er darauf, ob jemand ihn ansieht. Seine Unruhe wächst.*
> *Da lacht jemand. Der Mann lacht mit, obwohl er gar nicht weiß, worüber der andere lacht. Immerhin nimmt man sein Lachen zur Kenntnis. Das Gespräch geht weiter.*
> *Plötzlich bietet sich ihm eine Gelegenheit, die Aufmerksamkeit auf sich zu lenken. Er spricht*

von sich, was allerdings nicht ganz zum Thema paßt. Höflich geht man darauf ein. Wohl ist dem Mann nicht. Trotzdem gibt er nicht auf. Er beugt sich vor und reißt das Gespräch an sich. Man sollte in der Runde ruhig etwas lockerer sein, wirft er ein - und redet weiter. Einen Augenblick spürt er Genugtuung. Er ist dran! Man sieht auf ihn. Endlich steht er im Mittelpunkt. Das hat er gewollt! Doch was er eigentlich wollte, bekommt er nicht: Sympathie. Er verabschiedet sich.

Auf dem Heimweg fühlt er ein wenig Scham. Er gesteht sich ein, daß er bei den anderen nicht angekommen ist, weil er nicht auf sie zugegangen ist. Nur äußerlich war er bei ihnen. Nur sich hatte er im Blick, die anderen nicht.
Da kommt Trotz auf: Hatte er nicht das Bedürfnis zu reden? Hatte er nicht ein Recht darauf, mehr beachtet zu werden? Wozu hatte man ihn eingeladen?
Die Gedanken kommen auch nicht zur Ruhe, als er sich schlafen legt. Wer waren die Menschen, mit denen er den Abend verbrachte? Woher kamen sie? Wie hießen sie? Worum ging es im Gespräch? Kein Name, kein Gesicht, kein Inhalt kommt ihm nahe. Er war an dem Abend unter den vielen allein. Er ist auch jetzt allein.

Was geschieht, wenn man übermäßig um sein „kleines Ich" kreist?

Je häufiger ein Mensch sich selbst im Blick hat, desto häufiger kreist er um sich selbst. Je häufiger er um sich selbst kreist, desto mehr ist er auf sich fixiert. Je mehr er sich auf sich fixiert ist, desto mehr fixiert er sich auf seine Wünsche und Vorstellungen. Je mehr er sich auf seine Wünsche und Vor-Stellungen fixiert, desto mehr verengt sich sein „Wertgesichtsfeld" (Frankl). Je mehr sich sein Wertgesichtsfeld verengt, desto weniger Gründe für Sinn findet er. Je weniger Gründe für Sinn er findet, desto mehr leidet er. Je mehr er an sich leidet, desto mehr sieht er auf das, was er nicht ist und was er nicht hat. Je mehr er auf seine Mängel sieht, desto häufiger kreist er um sich. Je mehr er um sich selbst kreist, desto weniger sieht er über sich *hinaus*. Je weniger er über sich hinaussieht, desto mehr verfängt er sich in seinen Bedürfnissen, Wünschen und Vorstellungen. Hier schließt sich der Kreis.

Welche inneren Schmerzen und Verluste das „kleine Ich“ verursacht, läßt sich besonders deutlich an den *Grenzen* erkennen. Besonders am neurotischen Menschen kann man die Aus-wirkungen übermäßiger Ichbezogenheit studieren, d.h. das Ungleichgewicht eines Menschen im Spannungsfeld zwischen Individualität und Gemeinschaft, Liebe zu sich und Liebe zum Leben. (Nein, diese Anschauung ist keine moralistische Bewertung leidender Menschen, sie ist nur eine nüchterne Beschreibung einer schädigenden Lebenseinstellung und deren Auswirkungen. Daß diese Einstellung nicht bewußt entwickelt wurde, ist bekannt).

Vier Beispiele:

Der *zwangsneurotische* Mensch kreist permanent, ob es ihm bewußt ist oder nicht, um sein *Schuldgefühl*. Er will alles, nur nicht schuldig sein oder werden. Darum vollzieht er, um zu sühnen, ein Ritual nach dem anderen. Doch indem er sich seines Schuldgefühls zu entledigen versucht, übersieht er seinen Partner, seine Kinder, seine beruflichen Aufgaben, das ganze pralle Leben.

Der *depressive* Mensch kreist permanent um sein *Unvermögen* und klammert sich an den Nächstbesten. Er will alles, nur nicht eigenständig sein. Doch indem er sich symbiotisch an den anderen hängt, treibt er ihn von sich, erfährt dessen *notwendige* Abgrenzung und erlebt mehr noch als bisher seine Hilflosigkeit.

Der *angstneurotische* Mensch kreist permanent um seine *Angst*, sieht in allem und jedem Gefährliches und versucht deshalb ständig, sich zu schützen. Doch indem er nur noch auf seine Angst starrt und seine Sicherungsstrategien im Blick hat, verliert er immer mehr die Beziehung zu sich *selbst* und seinen Mitmenschen.

Der *psychosomatisch* Leidende kreist permanent um seine Störungen und versucht, was er nicht ist, hat oder kann, mit seiner Krankheit zu rechtfertigen. Doch indem er sich vor allem mit *ihr* befaß, verliert er zunehmend die Beziehung zu seiner Seele (und dem, wozu sie ihn herausfordern möchte) als auch zu den anderen, die ihn in seinen Schmerzen nicht zu verstehen scheinen.

2. DER BLICK AUF ANDERE(S) UND SEINE AUSWIRKUNGEN

Was wäre aber, wenn ein Mensch - so weit wie möglich - von seinem „kleinen Ich" befreit wäre? Wieder einige Beispiele:

- Ich sehe ein spielendes Kind. Ich spreche es an, es hört mich nicht. Ich setze mich zu ihm, es beachtet mich nicht. Es ist ins Spiel vertieft. Ins Spiel? Ins Spiel, ja, zugleich in sich selbst. Das Kind ist in sich selbst vertieft, *weil* es ins Spiel vertieft ist. Es vergißt seine Umgebung, es vergißt die Zeit, es vergißt sich selbst - und ist doch ganz bei sich, ganz in der Zeit, ganz da. Es *lebt.*

- In einer Selbsterfahrungsgruppe fiel mir auf, daß sich ein Teilnehmer zunehmend unglücklich fühlte. Seit längerem hatte ich bemerkt, daß er, wenn er sich äußerte, nur *sich* „einbrachte" und wenig Interesse an anderen zu haben schien. Und wenn er sich anderen zuwandte, so nur deshalb, um das Gespräch auf seine eigene Problematik zu lenken.
Ich empfahl ihm, in der nächsten Sitzung gar nichts zu sagen, nur zuzuhören. Ungläubig hörte er sich die Anregung an. Nach der Sitzung kam er gelöst auf mich zu und sagte: „Es darf ja nicht

wahr sein ... Das war ganz fabelhaft. Ich fühle mich gut wie seit langem nicht mehr. Ich habe die ganze Zeit wirklich zugehört. Nichts, aber auch gar nichts habe ich vermißt. Im Gegenteil: Ich war den anderen nahe und sie mir vermutlich auch. Mir ist heute etwas aufgegangen ..."

- Ein Arzt in mittleren Jahren ließ sich vom Krankenhausdienst beurlauben, weil er sich von den Nöten der Menschen im Balkankrieg zutiefst angesprochen fühlte. Er organisierte zahlreiche Hilfsgütertransporte nach Sarajewo und anderen Brennpunkten des Krieges, weitete schließlich sein Engagement auch auf Rußland aus. Darüber wäre viel zu erzählen. Kurz: Dieser nicht gerade robuste Mensch arbeitete rund um die Uhr und hatte trotz seiner manchmal auftretenden Erschöpfungszustände mehr Energie und Lebensfreude zur Verfügung als in allen Jahren zuvor. Sein Geheimnis? Sein Blick für andere und die damit verbundene Aufgabe, die *existentielle* Erfahrung, daß gerade der, der über sein „kleines Ich" hinaussieht, zugleich bereichert wird.

- Jemand liest ein Buch, z.B. Martin Bubers „Der Weg des Menschen nach der chassidischen Lehre". Er liest darin von menschlichen Abgründen, von glücksbehindernden Verhaltensweisen, von Versagen - und wird an dies und jenes erinnert, womit er selbst zu tun hat. Diese Stellen sind ihm zwar wichtig, er denkt über sie auch nach -

wichtiger jedoch werden ihm jene Passagen, in denen er Neues über *den* Menschen, über seine Möglichkeiten und Notwendigkeiten, erfährt. Er wendet sich also den *geistigen* Aussagen des Buches zu. Er nennt sie weder abstrakt noch theoretisch, nur weil sie seine gegenwärtige Befindlichkeit nicht betreffen. Er sieht vielmehr, daß die Sätze ihn über seinen bisherigen Horizont hinausführen und ihm Einsichten vermitteln, auf die er selbst nie gekommen wäre. Das Ergebnis: Er fühlt sich bereichert, innerlich geweitet - und mit einem neuen Blick für die Wirklichkeit ausgestattet, nicht nur für die eigene, sondern für die Wirklichkeit insgesamt.

- In einer Imaginationsgruppe erlebte ich, wie *alle* Teilnehmer zu befreienden, ja beglückenden Erfahrungen kamen, nachdem sie sich für eine gewisse Zeit von ihrem „kleinen Ich" distanziert hatten. Ihnen wurde überdeutlich, daß die groben bis feinen Fesseln, die dieses Ich uns ums Herz webt, die eigene Lebensqualität und die in der Beziehung von Mensch zu Mensch erheblich vermindert.

Wer von seinem „kleinen Ich" befreit ist, löst sich auch leichter als manch anderer von der peinigenden *Sorge* um die eigene Bedeutsamkeit. Er ist von der inzwischen überstrapazierten Frage nach dem Selbstwert befreit. Wer aber davon befreit ist, läßt sich mehr auf *das* Leben ein, das ihm gerade begegnet. Er beansprucht weniger und steht weniger unter dem Druck der eigenen Ansprüche. Er wird wohltuend sachlich. Er gewinnt Augenmaß für das, was hier und jetzt möglich und notwendig ist und was nicht. Er findet das Ja *in* der Ambivalenz des Lebens.

Bevor ich dazu übergehe, einige Wege zu beschreiben, die zur Überwindung zu starker Ichbezogenheit führen können, stellt sich die Frage, ob mit der bisherigen Darstellung nicht doch die Bedeutung der mühsam erworbenen Wertschätzung *eigener* Bedürfnisse, Wünsche und Vorstellungen verkannt wird.
Die Antwort lautet entschieden: Nein! Es geht mir darum, auf die nicht in Frage zu stellende Grundpolarität von Selbst und Welt, Selbstliebe und Liebe zur Welt, Individuum und Gemeinschaftswesen aufmerksam zu machen, weil der übermäßig auf sich bezogene Mensch zweifellos sein *Gleichgewicht* verliert, das er nur in der *Mitte* des Spannungsbogens zwischen sich selbst und *anderem* Leben finden kann.
Viktor Frankl hat diesen Zusammenhang in sehr klare Worte gefaßt: „Zum Wesen des Menschen gehört das Hingeordnet- und Ausgerichtetsein, sei es auf etwas, sei es auf jemand, sei es auf ein Werk oder auf einen Menschen, auf eine Idee oder eine Person! Und nur in dem Maße, in dem wir solcherart intentional sind, sind wir existentiell, nur in dem Maße, in dem der Mensch geistig bei etwas oder bei jemandem ist, bei geistigem, aber auch bei ungeistigem anderem Seienden - nur im Maße solchen Beiseins ist der Mensch bei sich“ [49]. Und deshalb ist das

---

[49] Viktor E. Frankl, [49] Grundriß der Existenzanalyse und Logotherapie, in Frankl, V.E., Gebsattel, V.E. von, Schultz, I.H., Hand-

Hauptfeld möglicher Sinnerfahrung die Beziehung von Mensch zu Mensch und zu anderem Leben.

PRAXIS - WEGE AUS DER FIXIERUNG AN DAS EIGENE ICH

1. BEGREIFEN, WAS ICHBEZOGENHEIT BEWIRKT

Zunächst kommt es darauf an, daß ich *begreife,* in welchem Maße ich von meinem Ego und seinen Bedürfnissen, Wünschen und Vorstellungen versklavt bin.
Es muß mir *auf-gehen,* wie oft und wie leidvoll ich immer wieder um das kreise, was ich begehre, was ich mir wünsche und vorstelle. Es muß mir *fühlbar* werden, daß ich nur selten dem spielenden Kind gleiche und nur selten ichvergessen bin.
Es muß in mir die *Erschütterung* darüber lebendig werden, daß ich vieles von dem, was mir an Wichtigem und Wesentlichem begegnet, nur erblicke, nicht erkenne, nur sehe, aber keine Verbindung zu ihm aufnehme. Es muß mir meine Ichbezogenheit auf die Nerven gehen! Vielleicht lasse ich dann eines fernen Tages auch die heilsame Trauer darüber zu, daß ich zu wenig das Leben liebe, mein eigenes nicht und das große Leben nicht. Kurzum: Es muß mir *deutlich* werden, daß es ein Unglück ist, sein Ich zu wichtig zu nehmen.

---

buch der Neurosenlehre und Psychotherapie, München 1959, Bd.III, S. 690.

- Eine praktische Anregung, die kleine Wunder bewirken kann: Nehmen Sie sich 4 Wochen lang an jedem Abend zehn Minuten für die Frage Zeit, in welchen Situationen des Tages Sie zu stark auf sich fixiert waren. Wenn Sie sich auf diese bescheidene Selbsterfahrungskur einlassen, werden Sie schon bald viel sensibler Ihre egomanen Tendenzen erkennen und *produktiv-gereizt* darauf reagieren. (Schade, daß solche unakademisch vorgetragenen Basishilfen selten ernstgenommen werden).

2. ICHBEZOGENHEIT STUDIEREN

Es kann eine Hilfe sein, eine gewisse Zeit ichbezogene Menschen zu studieren - nicht pharisäisch, denn dazu gibt es keinen Grund. Sie studieren, das heißt: auf ihre Körperhaltung zu achten, ihr Gesicht wahrzunehmen (z.B. zu entdecken, daß ihr Blick meistens nach innen gerichtet ist), zu bemerken, *worüber* sie sprechen, *wie* sie sprechen, wie oft sie das Wort *ergreifen*, wie sie auf den Gesprächspartner wirken etc.
„Gerade in Kleinigkeiten, bei welcher der Mensch sich nicht zusammennimmt, zeigt er seinen Charakter, und da kann man oft an geringfügigen Handlungen, an bloßen Manieren den grenzenlosen, nicht die mindeste Rücksicht auf andere kennenden Egoismus bequem beobachten, der

sich nachher im Großen nicht verleugnet, wiewohl entlarvt“ [50].
Wozu dieses Studium gut sein soll? Um sich in guter Weise darüber erschrecken zu lassen, wie wenig liebenswert wir sind, wenn wir primär und zu oft uns selbst im Blick haben.

3. EINEN BLICK FÜR ANDERE UND ANDERES ENTWICKELN

- Wer andere *an-sieht*, schenkt ihnen *Ansehen* (Was sagen die Augen, was das Gesicht, was die Hände?). Wer *andere* in den Blick nimmt, löst sich von seinem „kleinen Ich“ und fühlt zugleich mehr als bisher sich selbst. Wer andere und anderes in den Blick nimmt, spürt den *Wert* dessen, dem er begegnet - und wird zugleich von selbst - vom Selbst? - in seinem eigenen Wertgefühl berührt.

- Wenn einer dem anderen *zuhört*, hört er *hin* auf das, was der andere sagt, hört er sich ein in das, was ihm fremd erscheint. Er kommt nicht gleich mit Einwänden, Kritik oder Vorschlägen. Er nimmt zunächst nur auf, was der andere sagt, nimmt ihn mit (inneren) offenen Armen auf. Und der andere fühlt sich angenommen.
Wenn einer dem anderen *zuhört,* entbindet er in dem, der spricht, nicht selten gute Erinnerungen und neue Einsichten, befreiende Selbstkritik und ermutigende Selbsterfahrungen und manches andere mehr.

---

[50] Arthur Schopenhauer, Aphorismen zur Lebensweisheit, München 1991, V, S. 29.

Wenn einer dem anderen *zuhört*, gibt er ihm Zeit und Raum und für die Dauer des Gesprächs auch Heimat.

• Das müßte nicht sein:
Manchmal stehen wir am Strand und sehen nur den Regen, nicht das Meer.
Manchmal spielt die schönste Musik, doch hören wir nur ihre Geräusche.
Manchmal möchten andere uns mit ihrem Lachen anstekken, aber selbst dann lassen wir unsere Sorge nicht los.
Manchmal sagt jemand zu uns: „Ich hab dich gern", wir aber denken nur an den Schmerz, den er uns einmal zugefügt hat.

• Wenn zwei Menschen einander freundlich ansehen, bauen sie in Windeseile eine unsichtbare *Brücke* von einem zum anderen - und kommen zueinander.
Wenn zwei Menschen einander ablehnend gegenüberstehen, bauen sie, jeder für sich, in Windeseile eine *Mauer*. Und jeder von ihnen starrt gegen die Mauer.
Doch wenn einer von beiden die Mauer nicht wollte, verlöre der andere - das könnte ja sein - seine grimmige Lust an dem häßlichen Bau.

• Der Mensch, den wir nicht mögen, vielleicht sogar hassen, ist anders als wir denken. Er ist bestimmt nicht so, wie wir ihn uns vorstellen. Denn weil wir ihn ablehnen, suchen wir nicht nach dem, was er *auch* ist. Und schon gar nicht erkennen wir sein *Wesen*. Denn das Wesen eines Menschen erkennen wir, wenn überhaupt, nur dann, wenn wir uns ihm öffnen und ihm zuwenden.

Unsere Gegner oder Feinde jedenfalls, denen wir vielleicht neue, stechende Namen geben, würden sich selbst vermutlich nicht wiedererkennen, wenn sie jene Bilder sähen, die wir von ihnen entwerfen.

- Man dürfe nicht über einen urteilen, bevor man nicht einen halben Mond lang in seinen Mokassins gegangen sei, sagt eine indianische Weisheit.

Manchmal träume ich davon, wie es wäre, wenn ich nicht mehr so rasch über andere urteilte, wenn andere über mich nicht so rasch urteilten, wenn wir uns gegenseitig nicht so rasch beurteilten - wenn wir uns mehr als bisher *sein* ließen.

Manchmal träume ich davon, wir machten uns auf Störungen aufmerksam und verletzten uns trotzdem so wenig wie möglich. Dann wäre Menschlichkeit mehr als ein Wort.

Wenn Sie demnächst mit Freunden - oder solchen, die es werden könnten -, einen Abend verbringen, dann träumen Sie doch einmal miteinander diesen Traum. Sie würden erfahren, daß niemand sich dieser Vision entziehen könnte. Es könnte sogar sein, daß dieser Traum so attraktiv wäre, daß Sie miteinander über erste konkrete Ideen ins Gespräch kämen.

- Da sitzen sie vor Ihnen. Sie haben zu reden begonnen.

Alle sehen auf Sie. Alle schweigen. Sie reden. Sie fühlen sich sehr allein. Sie fühlen sich von den anderen abgetrennt.

Sie möchten weg. Sie möchten überall sein, nur nicht hier. Sie sehen Feinde, lauter Feinde. Keiner von denen da ist

Ihr Freund. Jedenfalls empfinden Sie diejenigen so, die jetzt vor Ihnen sitzen.
Sagen Sie - *wozu* reden Sie?
Haben Sie den anderen *nichts* zu sagen?
Vor allem jedoch: Wollen Sie *denen* etwas sagen - oder sollen sie *Ihnen* etwas sagen, nämlich: daß Sie fabelhaft reden, daß Sie mehr als sie wissen, daß Sie wichtiger sind als sie?
Und: Wer ist hier wem feind?
Sind die anderen Ihnen feind, oder sind *Sie* deren Feind, vielleicht deshalb, weil Sie nicht glauben können, daß sie Ihnen - ausgerechnet Ihnen - tatsächlich zuhören wollen?

- Sie sind auf einer Wanderung. Es regnet. Sie haben die falschen Schuhe angezogen. Die Stimmung Ihres Partners ist auch nicht beglückend. Sie sind mürrisch. Am liebsten würden Sie auf der Stelle umkehren.
Sie wandern durch die Landschaft und sehen nichts als das eine, sich nicht verändernde Bild. Die Landschaft ist öde, meinen Sie. Bis jetzt jedenfalls [51].
Schließlich wird Ihnen Ihre üble Laune zu dumm. Sie machen die Augen *auf*. Sie sehen *hin*, z.B. zu jenem Waldstück, auf das Sie schon längere Zeit zuwandern: Dort hinten am Waldrand äsen drei Rehe, weiter links erkennen Sie den alten Schafstall, den Sie seit einer Stunde vergeblich gesucht (gesucht?) haben. Ein Stückchen weiter erblicken Sie eine wunderschön geschwungene Holzbrücke.
All das, was Sie jetzt geradezu aufregt und Ihre Schritte beschwingt werden läßt, war vor fünf Minuten auch schon

da ... Und während Sie *hinsehen* auf das, was das Land Ihnen zeigt, wandert neben Ihnen jemand und beginnt zu lächeln.

- Wenn zwei, die miteinander arbeiten oder leben, sich mögen oder gar lieben, dann brauchen sie letztlich nur eines, um miteinander *leben* zu können: die gelebte Bereitschaft, bei Konflikten immer wieder neu *sich selbst* nach den *eigenen* Anteilen am Konflikt zu fragen - und daraus Konsequenzen zu ziehen.

[51] Curt Götz hat einmal gesagt, es gebe keine Menschen, die nichts erlebten, es gebe nur solche, die nichts davon merkten.

7. VON MERKMALEN DER REIFE
HAUPTWERTE GEINGENDEN LEBENS

THEORIE

1. GRUNDLEGENDES

Oft denke ich an ein Gespräch, das ich mit einem weisen Mann haben durfte. Darin fragten wir uns, wie wir am Ende unseres Lebens sein möchten, welche Gestalt unsere Reife haben sollte. Diese Frage hat mich nicht mehr losgelassen. Und als ich vor kurzem Graf Dürckheims Buch „Durchbruch zum Selbst“ geschenkt bekam, wurde ich mit ihr noch einmal unmittelbar konfrontiert.

Im Abschnitt „Mächtigkeit, Rang und Stufen des Menschen“ schreibt er: „Die immer ausschließlicher gewordene Bezogenheit des Menschen auf das 'reale' Dasein hat ihn fast blind gemacht für sein Wesen. Das Organ für die Wesensqualitäten ... ist selten geworden. An seine Stelle ist die Wertschätzung der quantifizierbaren Leistung getreten. Äußere Vermögen wie Ehrgeiz und Fleiß scheinen den Mangel an ursprünglicher Fülle und Kraft, Leistungsfähigkeit und Können den Mangel an innerem Rang und ethisch geforderte und begründete Liebe den Mangel an ursprünglicher Menschlichkeit ersetzen zu können“ [52] . Ob das der Grund dafür ist, daß auch das Thema Reife von der Psychologie unserer Zeit meines Wissens wenig erörtert wird?

---

[52] Karlfried Graf Dürckheim, Durchbruch zum Selbst, Bern 1997, S. 156.

Was ist Reife? Dürckheim sagt dazu: „Was immer der Mensch auch geworden, als ein Lebendiger bleibt er im Wandel und Werden. Nur im Werden vermag er zu wachsen und Stufe um Stufe zu reifen. Reifen bedeutet Verwandlung, die das Gewordene aufhebt und im Vergehen zu weiterem Leben entbindet. So wächst auch der Mensch in steter Wandlung zur Höhe, die ihn, reif geworden, befähigt, ... Frucht zu bringen als Leib, Geist und Seele“ [53]. Lassen Sie uns darüber nachdenken, was das konkret heißt.

Wanderungen haben ein Ziel, und Ziele muß man kennen, wenn man ankommen will. Wer kein Ziele kennt oder sie aus den Augen verliert, kann in Not geraten.
Mit dem menschlichen Leben, das einer Wanderung gleicht, ist das nicht anders. Was aber wären menschliche Ziele, also Merkmale der Reife? Gibt es etwa gleiche Ziele und Merkmale der Reife für alle Menschen? Sucht denn nicht jeder Mensch aufgrund seiner Einzigartigkeit und Einmaligkeit seine *eigenen* Ziele?
Ja und Nein. Ja, weil der Mensch in der Tat nicht durch seine Triebe zur Reife getrieben wird, sondern seine Lebenswanderung, wie auch immer, zum großen Teil *selbst* gestaltet. Nein, weil er nicht nur eine unverwechselbare Person ist, sondern auch der Gattung Mensch angehört, für die es Werte gibt, die zu beachten für alle günstig ist. Mag die „Form“ der Reife auch noch so persönlich gestaltet sein - es gibt Leitlinien, die zu kennen den Reifeprozeß auf jeden Fall erleichtern.

---

[53] a.a.O., S. 174

2. SEIN WESEN ENTFALTEN ALS VORAUSSETZUNG FÜR REIFUNG

Jeder Mensch trägt auf seinem Weg durchs Leben ein inneres Bild mit sich. Dieses Bild ist ein Symbol seines Wesens, das darauf wartet, aus-gelebt zu werden. Es zeigt sich in Träumen, es zeigt sich, wenn wir es suchen, in wertorientierten Imaginationen. Es deutet sich in Ahnungen an, es nähert sich uns in Augenblicken des Liebens und Geliebtwerdens. Das Wesen?

Das ist der Mensch in seiner Ur-sprünglichkeit, seiner Eigen-Art, seinem Eigen-Sinn, seiner Unverwechselbarkeit, seinem wartenden Leben. Das Wesen des Menschen ist seine ganz persönliche Form der imago Dei, des Ebenbildes Gottes.

Das Wesen eines Menschen ist das, was von ihm entdeckt werden will und soll, das Treue von ihm erwartet, Anerkennung und Liebe. Es mag verstellt sein, verdeckt oder gar gefesselt - und doch wartet es darauf, sich zum Ausdruck bringen zu können. Sein Wesen in die Welt hineinzuleben, ist darum die vornehmste Aufgabe eines jeden Menschen. "Wir werden uns geschenkt", sagt Karl Jaspers, „aber es liegt an uns, ob wir uns geschenkt werden. Es kommt nicht von selbst als ein Anderes, Fremdes. Das bloße Warten ist vergeblich. Was uns trifft, ist vorbereitet durch uns selbst. Was uns zustößt als Ereignis, Zufall, Chance, wird durch die Weise, wie wir es uns zu eigen machen, wirklich" [54]

Die Entfaltung des Wesens ist die Grundlage der Entfaltung und Entwicklung reif werdenden Lebens. Der reif

---

[54] Karl Jaspers, in: Die Kraft zu leben, hrsg. Vom Bertelsmann-Verlag, S. 112.

werdende Mensch aber ist der mündige. Und „der Mensch, der mündig ist, kann nicht nur tun, was er will, sondern er darf sein, wer er ist“ [55]. („Mit allem Haben, Wissen und Können doch nicht 'der' sein dürfen, der man im Grunde ist “, so Jaspers, „ist die Not unserer Zeit“ [56]).

PRAXIS - MERKMALE DER REIFE

1. GELASSENHEIT

Aus dem Militärgefängnis in Berlin-Tegel schreibt Dietrich Bonhoeffer an seinen Freund Eberhard Bethge: „Ich beobachte hier immer wieder, daß es so wenige Menschen gibt, die viele Dinge gleichzeitig in sich beherbergen können; wenn Flieger kommen, sind sie nur Angst; wenn es etwas Gutes zu essen gibt, sind sie nur Gier; wenn ihnen ein Wunsch fehlschlägt, sind sie nur verzweifelt; wenn etwas gelingt, sehen sie nichts anderes mehr.“ Das hat zur Folge, schreibt er weiter, „daß sie an der Fülle des Lebens“ vorbeigehen und „alles Objektive und Subjektive“ sich für sie in Bruchstücke auflöst“ [57]. An anderer Stelle lesen wir: „Ich habe es hier besonders erfahren, daß die Tatsachen immer bewältigt werden können und daß nur die Sorge und die Angst sie vorher ins Maßlose vergrößern“ [58]. M.a.W.: Wer sich auf das fixiert, was ihn hier und jetzt am stärksten bedrängt, beengt oder reizt und

---

[55] Karlfried Graf Dürckheim, in: Die Kraft zu leben, S. 56.
[56] a.a.O.
[57] Dietrich Bonhoeffer, Widerstand und Ergebung, München 1962, S. 209.
[58] a.a.O., S. 131.

beglückt, verliert das größere, weitere Leben aus dem Blick. Sein Leben wird ein-dimensional.

Gelassenheit ist eine Haltung des Geistes. Sie ist Ausdruck der gefühlten Einsicht, daß die Schwierigkeiten im Leben immer nur *ein* Teil der *mehrdimensionalen* Wirklichkeit sind. Deshalb läßt sich der Gelassene nicht von den Fesseln des Daseins und dessen Begrenzungen verschlingen. Er weiß, daß die größere Wirklichkeit genügend Werte in sich birgt, um sinnvolles Leben zu ermöglichen. Er bleibt *sachlich*, d.h. „frei von den Projektionen seiner kleinen Ängste und Wünsche, die ihm die Wahrheit der Dinge verhüllen, wie auch frei von der Starrheit eines einmal gewonnen Standpunktes“ [59]. Darum zitiert Bonhoeffer fast mit Vergnügen den trotzig-heiteren Satz Lessings: „Ich bin zu stolz, um mich unglücklich zu denken -, knirsche eins mit den Zähnen - und lasse den Kahn gehen, wie Wind und Wellen wollen. Genug, daß ich ihn selbst nicht umstürzen will “ [60].

2. STANDFESTIGKEIT

Wer in dieser Welt lebt, braucht Standfestigkeit. Standfestigkeit ist die Fähigkeit, sich selbst in dem treu zu bleiben, was man als wichtig und richtig erkannt hat. Standfestigkeit ist nicht Sturheit, sondern Ausdruck von Freiheit und Unabhängigkeit.

Wer standfest ist, hat einen langen Atem. Er läßt übermäßige Sorge nicht zu. Alltagsproblemen begegnet er souve-

---

[59] Dürckheim, Durchbruch, S. 61
[60] Bonhoeffer, a.a.O., S. 134

rän. Probleme sind für ihn interessant, aber nicht beängstigend. Er hält Abstand zu dem Bedrängenden und Bedrückenden. Er weiß: „Die Umstände haben weniger Gewalt, uns glücklich oder unglücklich zu machen, als man denkt; aber die Vorwegnahme zukünftiger Umstände in der Phantasie eine ungeheure“ [61].
Auch das gehört zum Standfesten: Er setzt sich in dem durch, was er für notwendig und wesentlich hält. Er behält seine Ziele im Blick und erfährt auf diese Weise, daß er sich selbst vertrauen kann.

3. QUALITÄTSGEFÜHL

Besonders in unserer Zeit sind die folgenden Bonhoeffer-Sätze von unschätzbarem Wert. Ich brauche sie nicht zu kommentieren:
„Wenn wir nicht den Mut haben, wieder ein echtes Gefühl für Distanzen aufzurichten und darum persönlich kämpfen, dann kommen wir in einer Anarchie menschlicher Werte um. Die Frechheit, die ihr Wesen in der Mißachtung aller menschlichen Distanzen hat, ist ebenso das Charakteristikum des Pöbels, wie die innere Unsicherheit, das Feilschen und Buhlen um die Gunst des Frechen, das Sichgemeinmachen mit dem Pöbel der Weg zur eigenen Verpöbelung ist. Wenn man nicht mehr weiß, was man sich schuldig ist, wo das Gefühl für menschliche Qualität und die Kraft, Distanz zu halten, erlischt, dort ist das Chaos vor der Tür... Quantitäten machen einander den Raum streitig, Qualitäten ergänzen einander“ [62].

---

[61] Hugo von Hofmannsthal, Buch der Freunde, Frankfurt a.M. 1985, S. 14.
[62] Bonhoeffer, a.a.O., S. 24 ff.

4. VERTRAUEN INS LEBEN

Dem Leben vertrauen können, das ist das starke Gefühl, sich verlassen zu können - auf anderes Leben und auf sich selbst. Dem Leben vertrauen heißt auch, daß ich nicht mit dem Unglück eins werde -, daß ich immer „mehr" bin als das, was auf mir lastet -, daß die Vögel des Lichtes immer wiederkehren und sich nicht immer wieder von ihren dunklen Artgenossen vertreiben lassen. Dem Leben vertrauen heißt ebenso, daß ich von der hintergründigen *Wirklichkeit* mehr erwarten kann als von der vordergründigen *Realität* -, daß ich mich im Leben zu Hause fühle trotz allem, was Tod im Leben ist. Denn dem Leben vertrauen, das ist die im Herzen verwurzelte Hoffnung darauf, daß Sinn durchs Leben strömt, auch dann, wenn ich ihn manchmal nicht sehe.

Dem Leben vertrauen -, weniger dem nur Sachlichen, das wir anfassen, messen und erklären können, mehr dem, was nicht gleich ins Auge fällt, dem Kern, dem Wesen der Dinge, dem, wovon die Kinder wissen -, den verborgenen Schätzen, die oft geleugnet werden, nur weil man sie nicht sieht. Dem Leben vertrauen, das heißt im Tiefsten, der hellen warmen Hand zu vertrauen, von der die inneren Bilder wissen, jener Hand, die das ganz große und das ganz kleine Leben trägt.

5. DAS DUNKLE ANNEHMEN

Dunkles und Helles sind die unverrückbaren Pole unseres Daseins. Deshalb muß sich die Suche nach Sinn auf alle Bereiche des Lebens beziehen, auf die dunklen ebenso wie auf die hellen.

„Den Wolf umarmen" - diesen Titel gab die Schriftstellerin Luise Rinser der Biographie ihres gar nicht leichten Lebens und umschrieb damit ihr Lebensprogramm. In einem Interview mit Ulrich Hommes antwortete sie auf die Frage nach der Bedeutung dieses seltsamen Titels: „Der Wolf ist .. das Bild für das schwierige Leben, für das, was ich zu bewältigen hatte. Diesen Wolf zu umarmen, muß man lernen. D.h., man muß das Leben annehmen mit allen Problemen, man muß sich nicht sträuben dagegen. Ich habe immer mein Leben angenommen, ob es finster oder hell war." Aber wie? Rinsers Antwort: „Ich habe versucht, ganz positiv auf mein Leben zu reagieren, auf das, was mir widerfuhr. Und ich habe also meinen bedrohlichen Wolf umarmt, ich lebe mit den Schwierigkeiten, mit dem Wolf. Der Wolf ist ein Wolf. Er bleibt immer ein Wolf. Da wollen wir uns gar nichts vormachen. Ein Wolf wird nie ein Schaf. Leben bleibt immer schwer. Aber seit ich gelernt habe, diesen gefährlichen Wolf zu umarmen, lebe ich friedlich mit ihm [63]"

6. ANTWORT GEBEN

Das In-der-Welt-Sein des Menschen kommt erst dann zu einer gewissen Reife, wenn er die ihn selbst verletzenden Bahnen des Ich-Kreises mehr und mehr verlassen hat und in die Welt zu sehen anfängt, wenn er sein „kleines Ich" zu überschreiten beginnt [64]. Was damit gemeint ist, hat der Schriftsteller Willy Kramp in tiefer Weise so beschrieben:

[63] Ulrich Hommes, Es liegt an uns, Freiburg i.B. 1980, S. 90
[64] Siehe dazu: Vom Glück, von sich befreit zu sein.

„In unser aller Leben gibt es Augenblicke, die uns der einzelnen Kreatur und ihrer stummen Frage so unmittelbar gegenüberstellen, daß wir das Gefühl haben: entweder es gelingt mir jetzt, aus der Tiefe meines eigenen Seins heraus zu antworten, oder aber ich verderbe, ich schwäche mich selbst, ich verliere meinen menschlichen Namen, mein menschliches Gesicht. Nicht nur der Dichter erfährt dies, sondern diese Erfahrung gehört ganz einfach zu unserer menschlichen Geschaffenheit.
Alles wesentliche Leben nämlich heißt: Antwort geben. Ein Leben ist so viel wert, als es Antwort gibt. Denn wir Menschen sind immerfort gefragt. Der Hund, der Sperling, die Ratte fragen uns in ihrer Lust und Qual. Der Mensch an unserer Seite fragt uns. Das Sein insgesamt fragt uns mit tausend Fragen. Zu jeder Stunde anders. Mit tausend Stimmen, laut und schweigend, beglückend und quälend. Immerfort sind wir gefragt. Das ist unsere Gabe und unsere Last als Menschen. Dies macht es aus, daß kein einziger Augenblick unseres Lebens dem anderen verglichen werden kann. Lebendig sein heißt: in jeder Stunde die ganz neue und andere Frage hören, die das Leben uns stellt, und mit einem Wort antworten, das immer wieder ein gleichsam erstes Wort ist“ [65].

Es geht in der Begegnung mit Leben jedoch nicht nur um Wahrnehmungen, Empfindungen, Gefühle und Worte. Es geht auch um die Frage, wie wir *konkret* auf die Nöte der Zeit antworten wollen. Denn Menschsein kommt nicht allein dadurch zur Erfüllung, daß wir uns für anderes Leben offenhalten - *erfüllen* wird es sich letztlich dadurch,

---

[65] Willy Kramp, Vom aufmerksamen Leben, Hamburg 1958, S. 22 f.

daß wir in dieser Welt mitverantworten, mithandeln, mitverändern.
Liebe ist konkret. Und auch unser ur-sprüngliches Wesen ist keineswegs nur darauf aus, sich selbst zu genießen, sondern seinem „In-der-Welt-Sein" konkreten Ausdruck zu geben.
Manchmal denke ich bei meiner Arbeit mit unglücklichen Menschen, was wohl wäre, wenn der eine oder andere „Klient" sich aufmachte - trotz depressiver Verstimmung, Ängstlichkeit oder psychosomatischer Beschwerden -, an solchen Aufgaben teilzunehmen, die hier und jetzt für das Gemeinwohl wichtig sind ...

7. LIEBEN[66]

Unter allen Fährten dieses Lebens, die zum Menschsein führen, gibt es keine, die unmittelbarer in seine Mitte führt als die Liebe. Die Erkenntnis kann erregen, die Freiheit kann beglücken, die Liebe allein füllt den Menschen aus - wenn sie nicht nur sich selber meint.
Die Liebesfähigkeit hat eine Fülle von Aspekten. Wer anderes und andere liebt, schenkt z.B. Wohlwollen, Wärme, Offenheit, Aufgeschlossenheit, Aufmerksamkeit, Zuwendung, Schutz, Geborgenheit, Ermutigung, An-Sehen. Wer andere liebt, entbindet in ihnen das Gefühl, wert zu sein. Er liebt das Beste aus ihnen heraus.
Viel stärker noch hat Dietrich Bonhoeffer die Liebe beschrieben:
„Nichts, wirklich gar nichts ist lebenswert ohne Liebe; aller Sinn des Lebens ist erfüllt, wo Liebe ist. Dieser Liebe

---

[66] Siehe dazu: Zugänge zu Wert- und Sinnerfahrungen, Praxis, Punkt 10.

gegenüber wird dann alles andere ganz gleichgültig. Was heißt Glück und Unglück, was Armut und Reichtum, was Ehre und Schande, was Heimat und Fremde, was heißt Leben und Tod, wo Menschen in der Liebe leben? Sie wissen es nicht, sie unterscheiden es nicht; sie wissen nur, daß ihnen Glück wie Unglück, Armut wie Reichtum, Ehre wie Schande, Heimat wie Fremde, Leben wie Sterben nur dazu dienen, umso stärker, umso reiner, umso völliger zu lieben. Sie ist das Eine jenseits aller Unterschiede. Die Liebe ist stark wie der Tod“ [67].

8. MENSCHEN NICHT BEWERTEN

Zu den verletzendsten Ängsten gehört die Angst vor der Meinung und dem Urteil anderer Menschen. Entsprechend gehört das Sein-Dürfen in der Nähe derer, die nicht bewerten, zu den größten Wohltaten. Doch diese Wohltat die dem anderen zuteil wird, tut auch der *eigenen* Seele gut.

Wer den anderen nicht bewertet, hat Achtung vor seinem Wesen, das er bestenfalls erahnen, niemals aber ganz erkennen kann. Wer den anderen nicht bewertet, weiß von den verschlungenen und oft unüberschaubaren Wegen, die ihn formten. Wer andere nicht bewertet, gibt ihnen paradiesische Heimat in der Zeit.

Seit vielen Jahren begleitet mich ein Text von Antoine Saint-Exupery, der in bewegender Weise zum Ausdruck bringt, was ich meine:

„Eine Zivilisation bildet sich zuerst im Kern. Sie ist im Menschen zuerst das blinde Verlangen nach einer gewis-

---

[67] Bonhoeffer, a.a.O., S. 59 f.

sen Wärme. Von Irrtum zu Irrtum findet der Mensch den Weg zum Feuer ... Darum, mein Freund, brauche ich so sehr deine Freundschaft. Ich dürste nach einem Gefährten, der, jenseits der Streitfragen des Verstandes, in mir den Pilger dieses Feuers sieht. Ich habe das Bedürfnis, manchmal die künftige Wärme vorauszukosten und mich auszuruhen, ein bißchen außerhalb meiner selbst, in der Zusammenkunft, die wir haben werden. Ich bin aller Streite, aller Abschließungen, aller Glaubensnot so müde! Zu dir kann ich kommen, ohne eine Uniform anziehen oder einen Koran hersagen zu müssen; kein Stück meiner inneren Heimat brauche ich preiszugeben. In Deiner Nähe habe ich mich nicht zu entschuldigen, nicht zu verteidigen, brauche ich nichts zu beweisen; ich finde den Frieden .... Über meine ungeschickten Worte, über die Urteile hinweg, die mich irreführen können, siehst Du in mir einfach den Menschen. Du ehrst in mir den Boten eines Glaubens, gewisser Gewohnheiten und besonderer Zuneigungen. Wenn ich auch anders bin als Du, so bin ich doch weit davon entfernt, Dich zu beeinträchtigen; ich steigere Dich vielmehr. Du befragst mich, wie man den Reisenden befragt. Ich, der ich wie jeder das Bedürfnis empfinde, erkannt zu werden, ich fühle mich in Dir rein und gehe zu Dir. Ich muß dorthin gehen, wo ich rein bin. Weder meine Bekenntnisse noch meine Haltung haben Dich darüber belehrt, wer ich bin. Dein Ja-sagen zu dem, was ich bin, hat Dich gegen Haltung und Bekenntnis nachsichtig gemacht, sooft es nötig war. Ich weiß Dir Dank dafür, daß Du mich so hinnimmst, wie ich bin. Was habe ich mit einem Freund zu tun, der mich wertet? Wenn ich einen

Hinkenden zu Tische lade, bitte ich ihn, sich zu setzen, und verlange von ihm nicht, daß er tanze“ [68].

9. SICH SELBST NICHT SO WICHTIG NEHMEN

„Ich bin, der ich bin. Ich will niemand anders sein. Ich versuche nicht klüger, reicher, geistvoller, attraktiver oder selbstsicherer zu sein, als ich jetzt bin. Ich muß nicht von allen geliebt und bewundert werden.“ So beginnt ein Text, den Lutz Müller denen zu bedenken gibt, die unter ihrer „Fassadenhaftigkeit“, mit der sie ihre Unsicherheit zu verdecken suchen, leiden. Er fährt fort: „Ich kann es auch aushalten, dumm, lächerlich und fehlerhaft zu erscheinen. Die Welt wird dadurch nicht untergehen. Ich bin bereit, die Überlegenheit und Mittelpunktstellung des anderen anzunehmen, und kann mich selbst mit solchen Ansprüchen in Ruhe lassen“ [69]. Tun Ihnen diese Sätze Lutz Müllers auch so gut wie mir?
„Die Kunst des Loslassens der eigenen Bedeutsamkeit und der Bejahung des So-Seins“, schreibt er weiter, „ist der wichtigste Schlüssel zum Geheimnis angstfreieren Lebens“ [70]. Warum ist das so?
Weil der übermäßige Drang eines Menschen nach Bedeutsamkeit und Wichtigkeit ihn von sich selbst entfremdet. Je mehr er aber diesem Drang nachgibt und sich mit einer künstlichen Fassade verfremdet, desto mehr Angst entwickelt er vor der Enthüllung seiner Unsicherheit, was wiederum zur Folge hat, daß er seine Fassade verstärkt.

---

[68] Antoine de Saint-Exupéry, Bekenntnisse einer Freundschaft, Düsseldorf 1955, S. 35 ff.
[69] Lutz Müller, Suche nach dem Zauberwort, Stuttgart 1986, S. 71
[70] ebd.

Er wird zum Sklaven seiner Sorge um das Urteil der anderen. Die anderen aber sind ständig präsent.

10. HUMOR

Humor ist mehr als gute Stimmung, mehr auch als Lustigkeit und Witz, ist jenes Lachen, das vom Herzen kommt und manchmal nur in Augenwinkeln sichtbar wird. Humor ist Sache der inneren Freiheit, des inneren Abstandes zu sich selbst und anderem Leben, ist helle, warme Heiterkeit des Herzens, die viel Erfahrung hat mit Leben und ganz viel davon weiß, daß Leben möglich ist - so oder so.
Eine besondere Art von Humor ist das Lachen über sich selbst, das eine Form der Selbstentdeckung ist. Wer über sich selbst lacht, nimmt sich selbst auf den Arm, lacht über das Kind in sich, und Kindern gehört bekanntlich unsere größte Sympathie. Wer sich selbst auf den Arm nimmt, kann auch nicht von anderen auf den Arm genommen werden. Wer über sich lacht, erlaubt sich, das Unzulängliche und Unvollkommene in sich sein zu lassen, anzunehmen, als zu sich gehörig zu akzeptieren. Er weiß oder ahnt etwas von der Begrenztheit und Vorläufigkeit des Lebens und sagt „ja“ dazu.
Wer über sich lacht, nimmt - welche Wohltat! - sein Ich nicht gar so ernst und kommt auf diese Weise viel tiefer und leichter zu sich selbst und dem ersehnten eigenen Leben.

11. BEDENKEN, DASS WIR STERBEN MÜSSEN

Es könnte sein, daß die großen Ängste *eine* Wurzel haben: die Angst vor Sterben und Tod. Jedenfalls drängt sich dieser Eindruck dem auf, der manches von den Bildern des Unbewußten erfährt. Zwar werden Menschen nicht müde zu betonen, daß der Tod zum Leben gehöre. Und doch durchzieht die Angst vor Sterben und Tod die Lebenstage vieler.

Wenn aber der Tod trotz seiner dunklen Fremdheit nichts anderes wäre als das letzte *Neue*, das der Mensch erfährt - und darum gar die letzte neue *Hoffnung*? Denkbar wäre dieser Gedanke allerdings nur dann, wenn das *Sein* das Dasein umspannte und dieses Sein als lebensbejahend gedacht und gefühlt werden könnte. Doch könnten wir mit diesem Gedanken nur leben, wenn das das Sein umspannende Dasein für uns *mehr* wäre als nur ein bläßliches metaphysisches Prinzip, nämlich dieses: „Es steht", sagt Bonhoeffer, „eine Macht hinter unserem Leben und unserem Sterben ... Für uns Menschen sind die Unterschiede zwischen Tod und Leben ungeheuer - für Gott fallen sie in eins zusammen. Für Gott ist der Mensch nicht mehr und nicht weniger, nicht ferner und nicht näher, ob er lebt oder stirbt"... [71]. Und wenn das so wäre, käme es wieder darauf an, ob dieser Gott ein Gott der Liebe oder der Zerstörung wäre. Letzteres glaube ich nicht.

12. DEM SEINSGRUND NÄHERKOMMEN

Der „Durchbruch zum Wesen" und damit zu den Bedingungen eines gelingenden Reifeprozesses wird meiner Auffassung nach nur in dem Maße möglich werden, in dem ein Mensch seine ur-sprüngliche Beziehung zum Grund des Seins und damit zum Grund seines Wesens (wieder) erfährt. Die *Verweigerung* dieser Beziehung wä-

---

[71] Dietrich Bonhoeffer, Treue zur Welt, München 1981, 3. Aufl., S.71.

re einem Baum vergleichbar, der von seinen Wurzeln getrennt wäre.
Ist aber nicht gerade *diese* Beziehung unverfügbar?
Ich spreche nicht vom Postulat des Glaubens, sondern von Erfahrungen des „unbewußten Geistes“ (Frankl). In vielen wertorientierten Imaginationen, die in den Bereich des „unbewußten Geistes“ führen, erfahren Menschen - ob gläubig oder nicht, ob religiös sozialisiert oder nicht - Symbole, die auf den transzendenten Ur-Sprung des Menschen und seine Beziehung zu ihm hinweisen.
Und seltsam: Wenn ich Klienten frage, wonach sie sich am *meisten* sehnen, sprechen sie - nachdem sie die vorläufigen Antworten wie z.B. Erfolg, Anerkennung, Geliebtwerden, gute Familie, soziale Sicherheit, mehr Zeit etc. selber als nicht ausreichend empfunden haben - von Geborgenheit, innerer Heimat, tiefem Sinngefühl, davon, im Leben verwurzelt zu sein, *sein* zu dürfen und vom Leben geliebt zu werden. Von *diesen* Gefühlen aber sprechen auch Imaginierende, wenn sie im Bereich des unbewußten Geistes Bildern der Transzendenz begegnen. Das bedeutet:
Menschen, ob „religiös“ oder nicht, erfahren die tiefste Daseinserfüllung in der Begegnung mit Symbolen der Transzendenz[72].

Nur ein Beispiel von vielen:
Ein Mann, der allem „Religiösen“ gegenüber eher aggressiv eingestellt war, erlebte in einer wertorientierten Imagi-

---

[72] Beispiele in: Dein Unbewußtes weiß mehr, als Du denkst - Wertorientierte Imagination als Weg zum Sinn, Hamburg 1999, 2. Auflage, S. 97 ff.

nation - nach einer längeren Reihe „innerer Wanderungen“- am „Ort der Geborgenheit“ dieses:

> *Er liegt in der Mitte einer riesengroßen, warmen Hand und fühlt sich getragen, beschützt, geborgen. Er sagt: „Hier könnte ich ewig bleiben.“ Lange Zeit schweigt er. Dann höre ich ihn sagen: „Seltsam, die Hand nimmt mich ganz auf, und trotzdem bin ich ganz bei mir.“*

Heißt das nicht doch, daß die Mensch-Gott-Beziehung verfügbar sei? Verfügbar nicht, doch können wir uns für die *Möglichkeit* einer solchen Beziehung öffnen. Ein Bild sagt deutlicher, was ich meine: Wenn ich in den Nachthimmel blicke und einen Stern „sehe“, dann „sehe“ ich ihn und sehe ihn doch nicht. Ich sehe seine Strahlen, den Stern selber aber sehe ich nicht. Doch sind es die *Strahlen*, die die Herzen höher schlagen lassen ...
Das bedeutet?
Ich kann unter den Nachthimmel treten oder auch nicht. Ich kann mich *in mir selbst* der Transzendenz öffnen oder mich ihr verschließen.

II. SPEZIELLE THEMEN

1. WIE GEWINNE ICH SELBSTVERTRAUEN?

I. THEORIE

1. SELBSTVERTRAUEN IST EIN ALLGEGENWÄRTIGES PROBLEM

Das Problem, das wie kaum ein anderes Menschen in Therapie und Beratung und zweifellos auch Menschen andernorts traurigerweise verbindet, ist der *Mangel* an Selbstvertrauen. Dieses Gefühl hat viele Facetten. Da werden Sätze gesagt wie z.B. diese:

> *Ich mag mich nicht. Ich bin nichts wert. Ich bin unsicher, bin gehemmt. Ich bin ja so verkrampft. Ich fühle mich überflüssig. Ob ich da bin oder ob in China die Pappel rauscht ...*
> *Ich glaube nicht, daß ich das kann. Das wird nicht gutgehen. Dazu bin ich nicht geeignet. Das schaffe ich nie. Das werde ich nie verwinden. Davon komme ich nicht los. Ich bin nun mal ein Pechvogel ...*

Es kann auch sein, daß keiner solcher Sätze fällt, daß das Problem versteckt, geleugnet oder nicht einmal bewußt wird und sich „lediglich“ im Verhalten ausdrückt, z.B. in leiser oder künstlicher Sprache, in auffällig moderner oder mausgrauer Kleidung, in überbescheidenem oder aufwendigem Lebensstil, in Ersatzhandlungen wie übermäßigem Essen oder Alkoholkonsum und vielem anderen mehr. Kein Alter, keine Berufs-, keine Gesellschaftsgruppe ist vor Gefährdung des Mangels an Selbstvertrauen gefeit, nicht einmal die anerkannten öffentlichen Leistungsträger.

Ist dieses Phänomen neu?

- Sicher ist, daß, wie alles im Leben, auch das Selbstvertrauen dem Gesetz der Polarität unterliegt und es deshalb keinen Menschen gibt, der ständig dieses Gefühl hätte (trotz gegenteiliger Behauptungen).
- Sicher scheint mir auch, daß infolge zunehmender Möglichkeiten, *sich selbst erfahren* zu können, die Wahrnehmung mehr als in anderen Zeiten auf die eigenen „Problemfelder" gerichtet wird.
- Sicher scheint mir ebenso, daß der Mensch um die Jahrtausendwende mehr als in anderen Zeiten zur „Seinsvergessenheit" (E. Spranger) neigt, weil er sich mehr und mehr von der „Dimension der Tiefe" (P. Tillich) entfernt, was wiederum zur Folge hat, daß die Fähigkeit zum „Wertfühlen" (M. Scheler) abnimmt. Nimmt aber das Wertfühlen ab, dann nimmt der Abstand zu den Werten zu - und daher auch zum eigenen Wertgefühl.
- Sicher scheint mir darüber hinaus, daß infolge des Säkularisierungsprozesses, d.h. im Zuge der Verweltlichung der Welt, der Mensch zunehmend auf sich *selbst* geworfen wurde und daher vor der neuen Aufgabe stand - ungeübt und unerfahren - anstelle Gottes nun sich *selbst* zum Grund des Vertrauens machen zu sol-

len. Und es scheint, als seien die dadurch ausgelösten Seinsfragen noch lange nicht beantwortet.

2. WAS IST SELBSTVERTRAUEN?

- Selbstvertrauen ist die Fähigkeit, mir selbst vertraut zu sein, nicht nur in dem, was ich nicht bin, nicht habe, nicht kann, sondern auch in dem, was ich bin, habe, kann und werden könnte.
- Selbstvertrauen ist die Fähigkeit, sich selbst treu, sich selbst verläßlich und daher mit sich eins zu sein.
- Selbstvertrauen ist Ausdruck innerer Freiheit - und also die Fähigkeit, sich zu sich selbst und anderem Leben einstellen und frei verhalten zu können. Innere Freiheit wiederum ist die Fähigkeit, aus dem, was ist und/oder mich begrenzt, das Beste zu machen.
- Selbstvertrauen ist das tief-greifende Gefühl eines Menschen, aufgrund seiner Unverwechselbarkeit *Daseinsrecht* in dieser Welt zu haben und mit allen anderen gleichberechtigt zu sein.
- Selbstvertrauen ist mehr noch als dies alles: Es ist das Gefühl, nicht nur *sich* selbst und seinen Fähigkeiten, sondern auch dem in der eigenen Seele aufscheinenden *Selbst* vertrauen zu können.

Die Möglichkeit, Selbstvertrauen zu gewinnen, hat jeder. Das ihm zugrunde liegende Gefühl kann unentwickelt, verschüttet oder verdeckt sein - abhanden kommt es keinem, denn es ist ein spezifisch menschliches und daher ursprüngliches Phänomen. Niemand könnte über einen längeren Zeitraum in dieser Welt der Widersprüche leben, würde er nicht wenigstens in Abschattung von diesem Gefühl beeinflußt sein.

3. URSACHEN UND GRÜNDE DES MANGELS AN SELBSTVERTRAUEN

Die Ursachen und Gründe dieses Mangels sind unterschiedlicher Art. Da sie zur Genüge untersucht und beschrieben worden sind, werde ich die Hauptpunkte nur kurz zusammenfassen. Ursachen und Gründe des Mangels an Selbstvertrauen können

1. *lebensgeschichtlich* verursacht sein (aufgrund starker persönlicher Verletzungen sowohl in Kindheit, Jugend als auch in späteren Jahren),
2. *personal* begründet sein (aufgrund des selbstverantworteten Mangels an Aus- und Weiterbildung der eigenen Persönlichkeit),
3. *soziogen* verursacht sein (z.B. aufgrund gesellschaftlicher Geringschätzung bestimmter Gruppen, etwa der „Alten", der „Fremdarbeiter", der „Homos"),

4. Eine besondere Frage in diesem Zusammenhang ist die nach dem *Typus* eines Menschen. Es hat sich nämlich gezeigt, daß die typologischen Voraussetzungen zur Entwicklung von Selbstvertrauen unterschiedlich sind. Ich will sie kurz skizzieren:

    1. Der *Reformer* ist ein stark polarisierter Mensch. Ja und Nein zu sich wechseln einander ab. Manchmal ist er von sich und dem, was er denkt und tut, zutiefst überzeugt, an anderen Tagen löst bereits die leiseste Kritik an ihm tiefe Selbstzweifel aus. Sein Selbstvertrauen

sinkt in dem Maße, in dem sich sein Grundproblem, seine Aggression, gegen ihn selbst richtet.

2. Dem *Helfer* geht es gut, wenn er anderen durch Rat und Tat zugewandt ist und sein Verhalten gebührend anerkannt wird. Sein Selbstvertrauen sinkt in dem Maße, in dem seine Verdienste übersehen werden.

3. Der *Erfolgsmensch* blüht auf, wenn er im Mittelpunkt steht - warum auch immer. Sein Selbstvertrauen sinkt in dem Maße, in dem die „Erfolge" ausbleiben und „die Welt" ihn nicht mehr ausreichend beachtet.

4. Der *Romantiker* genießt sich, wenn seine Besonderheit bemerkt und akzeptiert wird. Sein Selbstvertrauen sinkt in dem Maße, in dem man ihn in seiner Besonderheit verkennt.

5. Der *Beobachter* denkt über Selbstvertrauen wenig nach, wenn er Abstand zu anderen und Überblick über die Situation hat. Es wird ihm jedoch in dem Maße zum Problem, in dem er Abstand und Überblick verliert.

6. Der *Loyale* fühlt sich sicher, wenn die ihn umgebende Gemeinschaft gesichert ist. Selbstvertrauen wird ihm in dem Maße zum Problem, in dem ihm seine Basis, die Gemeinschaft, entzogen wird.

7. Der *Glückssucher* ist vergnügt in sich selbst und frei von Selbstwertproblematik, solange er genußfähig sein kann. Selbstvertrauen wird ihm in dem Maße zum Problem, in dem er sich Schmerzhaftem zu stellen hat.

8. Der *Starke* hat weniger als Menschen anderer Strukturen mit unserem Thema zu tun. Er kennt seine Durchsetzungskraft und kann sich auf sie verlassen. Doch wird selbst ihm Selbstvertrauen zum Problem, wenn seine dunkle, zum Schwermütigen neigende Seite in ihm Beachtung verlangt.

9. Der*Ursprüngliche* hat aus doppeltem Grund mit Mangel an Selbstvertrauen zu tun: Das Leben selbst, also auch das eigene, erscheint ihm in seiner Sinnhaftigkeit fragwürdig. Und deshalb meidet er soweit wie möglich Konflikte. Weil er jedoch Konflikten auszuweichen neigt, macht er zuwenig Erfahrungen mit dem, worin er sich und dem Leben vertraucn könnte.

PRAXIS - KONKRETE HILFEN ZUM GEWINN VON SELBSTVERTRAUEN

1. SEHNSUCHT

Wer lernen will, sich selbst vertrauen zu können, muß sich gründlich nach Selbstvertrauen *sehnen*. Denn wer sich gründlich nach etwas sehnt, streckt er sich mit allen Fasern seines Leibes, seiner Seele und seines Geistes danach aus. Das, wonach er sich sehnt, rückt in den Vordergrund seines Denkens, Fühlens und Handelns, wird für ihn zur Hauptsache. Ihm gilt seine Aufmerksamkeit. Darauf konzentriert er sich. Darum kreisen seine Gedanken. *So* kommt er dem, was er will, näher.

Eine konkrete Hilfe zur Annäherung an das ersehnte Ziel ist deshalb die Frage: Was wäre, wenn ich Selbstvertrauen hätte. Die Frage, was wäre, wenn ... ist eine visionäre Vorwegnahme *realer* Möglichkeiten. Sie hat sich in der Praxis als äußerst hilfreich erwiesen. Warum? Weil das Ziel, sofern ich es mir vorwegnehmend in Gedanken, Vorstellungen und Bildern nahekommen lasse, an *Attraktivität* gewinnt, mich daher *anzuziehen* beginnt. Was käme dabei heraus? Viel sehr, viel. Machen wir einen Versuch.

Ich schließe die Augen, lasse mir Ein-Fälle kommen, sortiere sie nicht. Also:

- Was wäre, wenn ich Selbstvertrauen hätte?

> Ich hätte weniger Angst. Ich wäre wie ein Fels in der Brandung. Ich würde anderen freier begegnen. Ich würde mehr wagen. Ich wäre offener. Ich würde sagen, was ich denke. Ich hätte das Gefühl, mit mir eins zu sein. Ich hätte andere mehr im Blick. Da wäre mehr Musik in meinem Leben! Vieles von dem, was ich bislang nur unwillig tue, würde ich ganz einfach nicht mehr tun. Ich hätte mehr Kraft, mehr Ausdauer, mehr Durchhaltevermögen. Ich könnte mich in mir zurücklehnen, wäre

gelöster und gelassener. Ich wäre weniger aggressiv usw.

2. ERSCHÜTTERUNG UND EMPÖRUNG

Nun wird sich allerdings nur der gründlich nach Selbstvertrauen sehnen, der sich einzugestehen wagt, wie unsicher, gehemmt und ängstlich er sich durch die Tage gehen läßt. Deshalb wird nur der eine starke Sehnsucht entwikkeln, der sich zunächst *erschüttern* läßt vom Ein-Blick in sein kummervolles Dasein -, der nicht mehr zurückweicht vor der gefühlten Erkenntnis, daß das Maß seiner inneren Unfreiheit endgültig voll ist. Und nur der, der sich angesichts eines solchen Lebens tief genug erschüttern läßt, hat das Zeug dazu, sich zu *empören*, d.h. (in diesem Zusammenhang) sich aufzurichten und sich dagegen aufzubäumen, daß er sein Leben selbst zuwenig *führt.*

3. SELBSTERKENNTNIS

Sich sehnen ist wichtig, sich erschüttern und empören sind wichtig. Sich selbst erkennen ist die *Bedingung* der Möglichkeit für die Entwicklung von Sehnsucht, Erschütterung und Empörung und damit von Selbstvertrauen.
Worum ginge es denn bei einer *Selbsterkenntnis*, die Grundvoraussetzung für die Entfaltung von Selbstvertrauen wäre?
Um persönliche Stellungnahme zu früheren einschneidenden Verletzungen, zu inneren Widerständen und Fesseln einerseits, um Ent-Bindung der verdeckten Lebenskräfte, Begabungen und Potentiale, um die Herausforderung des wartenden Lebens andererseits.

Einige wichtige Fragen und Gedankenanstöße aus dem großen Feld möglicher Selbsterfahrung sind:

- Was haben Sie noch nicht aus-geweint und noch nicht aus-getrauert, noch nicht ausgeklagt und noch nicht aus-gezürnt? Womit sind Sie noch nicht durch, noch nicht fertig?
- Kennen Sie ihren *tiefsten* Schmerz?
- Kann es sein, daß Sie zuwenig Selbstvertrauen haben, weil Sie *sich selbst* nicht trauen können? Ob das so bleiben muß?
- Was ist leichter für Sie: sich selbst zu vertrauen - oder sich *nicht* zu vertrauen...?
- Sie glauben *nicht* mehr daran, daß Sie Ihr Leben noch ändern könnten?
- Wartendes Leben ... fällt Ihnen dazu Konkretes ein?
- Ob Sie ahnen, welche Möglichkeiten und Begabungen Sie nicht leben?

4. ALTE ERINNERUNG - NEUE HOFFNUNG

Wer eine neue Hoffnung braucht, muß eine alte Erinnerung heraufholen. Das kann ein kostbares Therapeutikum sein. Mit ihm arbeite ich z.B., wenn einem Klienten selbst das *Gefühl* für Sinn abhanden gekommen ist [73]. Dann bitte ich ihn, die Augen zu schließen und sich an eine sinnvolle Situation aus *alter* Zeit zu erinnern, also das Verinner-lichte wieder zum Vorschein kommen zu lassen.

---

[73] Siehe dazu: Zugänge zu Wert- und Sinnerfahrungen, Praxis, Punkt 3.

Ähnliches könnte der unter Mangel an Selbstvertrauen Leidende unternehmen. Ließe er sich darauf ein, würde er sich keineswegs nostalgisch in die alte Zeit verlieren - er könnte vielmehr motiviert werden, das kraftvolle Gefühl von einst wiedergewinnen zu wollen. Also:

- Ich erinnere mich an eine Situation, in der ich voll Selbstvertrauen war ...Wann war das? Wo war das? etc.

5. NICHT AUSWEICHEN [74]

Die konkreteste und wahrscheinlich rascheste Art, Selbstvertrauen zu gewinnen, ist diese: Wann immer ein Mensch in den wechselnden Situationen seines Lebens *nicht ausweicht*, sondern sich dem, was ist, stellt, gewinnt er *Zuwachs an* innerer, vielleicht sogar äußerer *Freiheit*.
Ob das schwer ist oder leicht? Das hängt davon ab, mit welchem Bewußtsein ich durch meine Tage gehe. Lasse ich mich für längere Zeit darauf ein, so wenig wie möglich auszuweichen, werde ich wieder und wieder die Erfahrung machen, daß ich mir selbst *treu* sein, mir also trauen kann.

6. AUFGABEN [75]

Selbstvertrauen gewinne ich auch, indem ich sowohl *Aufgaben*, die mir entsprechen, als auch jenen, die ungewollt

---

[74] Vgl. dazu: Zugänge zu Wert- und Sinnerfahrungen, Praxis, Punkt 6.
[75] Siehe dazu: Zugänge zu Wert- und Sinnerfahrungen, Praxis, Punkt 8.

gewollt in mein Blickfeld kommen, nicht ausweiche. Dazu kommt mir ein Satz Ortega y Gassets in den Sinn: „Leben heißt etwas Aufgegebenes erfüllen; und in dem Maße, wie wir es vermeiden, unser Leben an etwas zu setzen, entleeren wir es“ [76], d.h. entleeren wir uns, entsteht in uns Leere, kann in die innere Leere vieles einfließen, wonach wir nicht gerufen haben, so selbstverständlich auch das Gefühl der Verunsicherung.
Da jeder Aufgabe eine *Idee* zugrunde liegt, gilt auch, was S. Freud einmal gesagt hat: „Menschen sind stark, solange sie eine starke Idee vertreten; sie werden ohnmächtig, wenn sie sich ihr widersetzen“ [77].

Dazu wieder einige Fragen:

- Kann es sein, daß Sie *wissen*, welche Aufgaben auf Sie warten, vielleicht schon *zu* lange warten?
- Ist die Aufgabe, an die Sie jetzt denken, zu *groß* für Sie? Sie würden sich auf sie einlassen, wenn sie kleiner wäre? - Ist die Aufgabe, an die Sie jetzt denken, zu *klein* für Sie? Sie würden sich auf sie einlassen, wenn sie größer wäre?
- Wenn Sie z.Zt. keine konkrete Aufgabe für sich sehen - da gibt es keine „starke *Idee*“, die Ihnen entspräche und Sie locken könnte?

---

[76] Zitiert in: Das Enneagramm der Weisheit, Spirituelle Schätze aus drei Jahrtausenden, hrsg. von M. Küstenmacher, München 1996, S. 322.
[77] Sigmund Freud, Gesammelte Werke, Band X, S. 113, zitiert in Frankl, Ärztliche Seelsorge, S. 102.

6. KEIN MENSCH GLEICHT DEM ANDEREN

Wer lernen will, sich selbst vertrauen zu können, wird lernen müssen, *daß kein Mensch dem anderen und daher auch kein Lebensweg dem eines anderen gleicht*. Denn gerade aus dem Vergleich mit anderen resultieren die meisten Unsicherheitsgefühle. Statt einer theoretischen Erörterung dieses ohnehin reichlich besprochenen Themas begnüge ich mich wieder mit einigen Anregungen, die nicht wenig bewirken könnten, wenn genügend Zeit für die Antworten bliebe.

- „In jedermann ist etwas Kostbares, das in keinem andern ist. Was aber an einem Menschen ′kostbar′ ist, kann er nur entdecken, wenn er sein *stärkstes Gefühl*, seinen *zentralen Wunsch*, das in ihm, was sein *Innerstes* bewegt, wahrhaft erfaßt“ [78].
  Es gibt Worte, die man 1000 mal lesen, bedenken, durch-denken, befühlen, mit anderen besprechen und vor allem in der Stille auf sich wirken lassen muß. Dieses Buber-Wort ist eines davon.

- Möchten Sie mit irgendeinem anderen Menschen *tauschen*?

- Zwei Seelen wohnen bekanntlich in unserer Brust. Die eine, die „dunkle“, hat die Tendenz, uns immer wieder in Frage zu stellen. Die andere aber, die „helle“ - ob *sie* nicht weiß, daß wir

[78] Martin Buber, Worte für jeden Tag, Güertsloh 1999, 2. März.

in unserem Schicksal, Geschick und persönlichen Entscheidungen unser ganz *eigenes* Leben haben?

- Wer sorgsam die Bilder seiner Träume studiert, kommt zu der überraschenden Ein-Sicht, daß zwar seine innere Landschaft mit der anderer vergleichbar, daß jedoch seine persönliche *Stellungnahme* zu den Bildern unverwechselbar ist. Ob Sie diese Tatsache für wichtig genug halten?

- Je tiefer sich die Stille in uns ausbreitet, desto näher kommen wir unserem Zentrum. Je näher wir unserem Zentrum kommen, desto mehr verdichtet sich das Gefühl für unsere Originalität. Je mehr sich dieses Gefühl in uns verdichtet, desto klarer zeigt sich uns der Weg, den wir zu gehen haben. Und je entschiedener wir diesen Weg im konkreten Leben gehen, desto unabhängiger werden wir von der Meinung und dem Urteil anderer.

- *Wer den eigenen Weg geht*, geht nicht die Wege der anderen, folgt nicht fremden Wünschen und Vorstellungen, hört auf die eigene Stimme, wird in seinen eigenen Entscheidungen klar, wagt zu sagen, was er denkt, wagt zu tun, was er sagt, weicht nicht aus, entwickelt Stehvermögen, steht zu sich selbst, ist sich selbst ein Freund, fängt an, sich und andere zu lieben, schiebt das Dunkle nicht von sich auf andere, wird sich selbst treu, vertraut sich selbst und anderen, sagt „ja" zum Leben, lebt mitten im Leben, schöpft das Leben aus, sagt „ja" zum Tod, geht *seinen* Weg zu *seinem* Ziel.

7. ÜBERWINDUNG DER ICHBEZOGENHEIT [79]

Fragt man die Weisheit der Hochreligionen, was ein Mensch vor allem zu lernen habe, erhalten wir von *allen* die eine Antwort: das Ich (gemeint ist das „kleine Ich") zu überwinden [80].

Kaum etwas ist befreiender, kaum etwas schafft bessere Bedingungen für die Erweiterung der Persönlichkeit, kaum etwas beseitigt gründlicher die schmerzenden Gefühle, die der Mangel an Selbstvertrauen auslöst, als die Reduzierung der *Ichbezogenheit*. Je mehr ich um mein Ego kreise, desto lebensunfähiger und unglücklicher werde ich. Je mehr ich darüber klage, was ich nicht habe, und mich darüber ärgere, was ich nicht bin, je mehr ich fordere, was doch mir wie allen anderen „zusteht", je mehr ich das Leben um mich herum aus dem Blick verliere, desto mehr entferne ich mich von dem, was und wie ich im Grunde sein und leben könnte: heiter, gelassen, selbstvertrauend - auch wenn die Umstände nicht günstig sein sollten.

Kaum etwas macht mich andererseits gelöster, gelassener, nichts bringt meine besten Seiten leichter zum Vorschein als das Bemühen darum, das Ego-Zentrische nicht ständig zum Zuge kommen zu lassen. Wer freier wird von seiner

---

[79] Siehe dazu den Abschnitt: Vom Glück, von sich befreit zu sein. Und: Von Merkmalen der Reife, Praxis, Punkt 9.

[80] Siehe dazu: Vom Glück, von sich befreit zu sein.

Ichbezogenheit, dem weitet sich der Blick, damit zugleich die ganze Seele. Wer weniger ichbezogen und daher weniger ein-seitig denkt, fühlt mehr das Herz der Welt und damit gewiß auch sein eigenes.

Das Zulassen von Ichbezogenheit ist der *Gegenpol* zu der Fähigkeit, sich selbst transzendieren zu können, von der Viktor E. Frankl sagte - und dieser Satz kann in dieser Zeit gar nicht laut und gar nicht oft genug gesagt werden: „Zum Wesen des Menschen gehört das Hingeordnet- und Ausgerichtetsein, sei es auf etwas, sei es auf jemand, sei es auf ein Werk oder auf einen Menschen, auf eine Idee oder auf eine Person! Und nur in dem Maße, in dem wir solcherart intentional sind, sind wir existentiell, nur in dem Maße, in dem der Mensch geistig bei etwas oder bei jemandem ist, bei geistigem, aber auch bei ungeistigem anderem Seienden - nur im Maße solchen Beiseins ist der Mensch bei sich“ [81].
Zu starke Ichbezogenheit eines Menschen hat deshalb zur Folge, daß seine Weltoffenheit abnimmt, daß sich sein Welt- und Werthorizont verengt und daher sein Wertgefühl für sich und andere verdünnt.

Eine besondere Variante der Ichbezogenheit ist das Alltagsphänomen *Selbstmitleid*. Nur wenige Menschen sind davon frei, doch nur wenigen scheint es bewußt zu sein, obwohl gerade dieses Gefühl die Entwicklung von Selbstvertrauen behindert wie kaum ein anderes.

---

[81] Grundriß der Existenzanalyse und Logotherapie, in V.E. Frankl, V.E. von Gebsattel, I.H. Schultz, I.H., Handbuch der Neurosenlehre und Psychotherapie, München 1959, Bd.III, S. 690.

Selbstmitleid äußert sich in tragischem Gebaren. Es kreist nur um seinen Inhaber und ist deshalb richtungslos. Deshalb hat es auch *nicht* die Tendenz, sich aufzulösen. Wer sich bemitleidet, fragt auch nicht danach, was er selbst mit der Entwicklung seines gegenwärtigen Zustandes zu tun hat, sondern macht Gott und die Welt dafür verantwortlich. Er spielt das altbekannte Schuldverschiebespiel. Für dieses Spiel hat jedoch niemand Sympathie, und deshalb wenden sich die anderen von ihm ab - natürlich mit der Folge, daß auch noch der Rest an Selbstvertrauen verlorengeht.

Und warum fallen so viele auf dieses zersetzende Gefühl herein? Auf diese Frage hat die Psychoanalytikerin Ursula Gruner in einem Psychologie-Heute-Interview [82] geantwortet, Selbstmitleid sei die letzte Bastion vor Selbstverlust und Selbstaufgabe. „Denn zum Selbstmitleid gehört ..", so sagt sie weiter, „daß man sich vom (verletzenden, Anm. d. Verf.) Gegenüber zurückzieht in eine Art narzißtischen Kokon, dem einzigen Raum, in dem die authentischen Gefühle bewahrt werden können, der aber nicht mehr in Kontakt mit den Mitmenschen ist."

Dann wäre Selbstmitleid Selbstschutz? Keiner, der tatsächlich weiterhilft, sondern, vielleicht, stark neurotischen Menschen vor endgültigem Selbstverlust bewahrt.

Der Weg zur Befreiung von überstarker Ichbezogenheit? Eine schlichte Anregung, die ich mir immer wieder zumute:

[82] Ursula Gruner, Selbstmitleid ist immer schädigend, in Psychologie heute, Mai 1991, 18. Jg., Heft 5, S. 21 ff.

- Ich durchwandere in Gedanken meine verschiedenen Lebensgebiete und frage mich konkret und wenig vornehm, in welchen Situationen und welchen Menschen gegenüber ich wieder einmal egoistisch war. Die Kur schmerzt wie Jod in frischer Wunde, erleichtert und befreit jedoch für eine gewisse Zeit ganz ungemein.

Und der Weg zur Befreiung von Selbstmitleid? Was wäre zu tun?

- Dieses unselige Gefühl sich einzugestehen, seinen Facettenreichtum aufzuspüren und ihn sich zu vergegenwärtigen! Oder, wie U. Gruner sagt: „Nur die nüchterne Beobachtung der Situation aktiviert jene Kräfte, die vor dem Gefühlssog, arm und hilflos zu sein, bewahren." Die Wirkung ist verblüffend. Wer sich diese Beobachtung zumutet, wird frei -, frei für die unbequeme Nachfrage nach den Ursachen, die ihn in seine Lage gebracht haben, frei für die Situation, in der er sich befindet, frei vom ständigen Kreisen um das begehrliche Ich.

8. GRENZEN AKZEPTIEREN

Viel Lebenskraft, die dringend für die Fundierung des Selbstvertrauens gebraucht wird, geht Menschen dadurch verloren, daß sie sich, manchmal ein ganzes Leben lang, an jenen äußeren und vor allem inneren Grenzen reiben und stoßen, die aller Voraussicht nach nicht verschiebbar sind. Dabei denke ich z.B. an jenen zur Schwermut nei-

genden alten Mann, der über Jahrzehnte sich darum bemüht hatte, so heiter wie seine Frau zu werden. Und als ihm endlich die Vergeblichkeit seiner Bemühungen vor Augen stand, nahm er sich das Leben.
Es gibt bekanntlich keine Freiheit ohne Grenzen. Gerade darum aber ist es wichtig, sie *konkret* zu kennen. Wer sie kennt und sich eingesteht, daß sie in der Tat unverrückbar sind, wird - seltsam genug! - erheblichen Zuwachs an innerer Freiheit erfahren.
Um welche Grenzen geht es konkret? Um die eigenen natürlich, um den Mangel an dieser oder jener Begabung, um die Unumkehrbarkeit bestimmter Entscheidungen von innen und außen, um den Typus, den wir haben und behalten, um die Endlichkeit des Lebens - und vieles andere mehr.

9. BEDINGUNGSLOSES ANGENOMMENSEIN [83]

Zu den ungewöhnlichsten Entdeckungen wertorientierter Imaginationen gehört, daß Menschen mit unterschiedlichem Typus, unterschiedlichstem Lebenslauf und unterschiedlichster Weltanschauung nach längerer „Wanderung" in die Tiefe an einen „Ort" gelangen, an dem sie die Erfahrung machen, bedingungslos angenommen zu sein. Besonders beachtenswert ist dabei, daß selbst Klienten, die in der Tat eine schwere Kindheit durchlitten haben, Erfahrungen solcher Art machen können, selbst dann, wenn noch nicht alle alten Verletzungen geheilt sind. Daraus schließe ich, daß das Gefühl, angenommen und geliebt zu sein, ein Existential, ein zu jedem Menschen gehörendes Phänomen ist, das verdeckt, verschüttet und unent-

---

[83] Siehe dazu: Von den Merkmalen der Reife, II., Punkt 12.

wickelt sein kann, doch nicht verloren geht. Gerade dieses Gefühl aber ist die wichtigste Voraussetzung dafür, sich selbst vertrauen zu können. Denn wer sich geliebt fühlt, fühlt sich ernstgenommen. Wer sich ernstgenommen fühlt, wagt sich aus sich heraus. Wer sich aus sich herauswagt, ist weltoffen. Wer weltoffen ist, transzendiert sich selbst auf etwas hin, auf jemanden, auf die Welt - und verwirklicht sich selbst.

Wo liegt denn jener „Ort", an dem der Mensch sich geliebt fühlt? *In uns selbst*, im Bereich des „unbewußten Geistes". Und *wer* schenkt diese Liebe? Symbolgestalten numinosen Charakters, wie wir sie z.B. aus Märchen und Mythen kennen. Die Ein-Drücke solcher Begegnungen gehen tief - sie gleichen Berichten von Mystikern. Das Gefühl des Angenommenseins ist überwältigend und lebensverändernd.

Eine solcher Imaginationen möchte ich als Beispiel vorstellen: Sie handelt von einer älteren Frau mit einer bewegten Lebensgeschichte. Zu vielem, was sie erlebte, konnte sie stehen, zu vielem nicht. Ziel der „inneren Wanderung" war der „Ort des Selbstvertrauens":

> *Nach längerem Weg gelangt sie zu einem domähnlichen Gebäude. Als sie den Vorhof betritt, sieht sie eine Gestalt auf sich zukommen. Schon von fern ahnt die Frau, das ihr eine besondere Begegnung bevorsteht. Als die beiden voreinander stehen, erschrickt die Imaginierende. Das Gesicht der Gestalt sieht aus, als habe es alles Leid der Welt selbst durchlebt. Doch die Augen strahlen etwas ganz anderes aus, etwas, was die Frau*

nie zuvor gesehen hat: nicht beschreibbare Güte, unbedingte Bejahung, volle Annahme, Liebe - und das Gefühl, sein zu dürfen, wie sie nun einmal ist. Ein langes befreiendes Weinen beendet die Imagination.

Erst Wochen danach sagte die Frau, es sei „ja wohl klar", welcher Gestalt sie begegnet sei. Diese Begegnung wurde für sie zum wichtigsten Meilenstein auf dem Weg zu ihrem Wesen.

10. ES GIBT AUCH GRUND ZUM JUBEL

Darf ich, lieber Leser, zum Schluß kommentarlos zwei meiner älteren Texte [84] zitieren, die nicht Problemanalyse, sondern reine Wertorientierung sind?

Dann und wann in deinem Leben mußt du einfach in Feuer und Flammen stehen, mußt du brennen vor Lust am Leben!
Du hast keinen Grund dazu?
Weißt du so wenig von dem, was Lust am Leben ist?
Ich denke nicht an das, was du hast,
auch nicht an das, was du bist.
Ich denke überhaupt nicht an dich.
Ich denke an das Leben: an die funkelnden Sterne und die schäumenden Wolken, an die duftende Erde und den grün-nassen Baum, an die Schönheit von Häusern und prachtvolle Straßen, an ka-

[84] In: Das Leben meint mich, Meditationen für den neuen Tag, 4. Aufl., Hamburg 1999, 7. Februar und 26. Januar.

pitulierende Wissenschaftler und selbstbewußte Verkäufer, an originelle Gesichter und das Strahlen Behinderter, an heitere Kranke und vor Glück heulende Männer, an sich schämende Politiker und betende „Atheisten“, an tanzende Alte und ernsthafte Junge, an das Lichtermeer zugunsten der „Fremden“ und alle Proteste für ein menschliches Leben, an ... an ...
Ich denke an das Leben!
Verstehst du?
An dieses verdammt geliebte Leben!

Daher:
Juble, wenn du kannst.
Schrei vor Wonne, wenn du kannst.
Umarm' das Leben, wenn du kannst.
Küß das Leben, wenn du kannst.

Du kannst das nicht? Du kannst es.
Du kannst es deshalb, weil die Lust am Leben in dir ist,
zu dir gehört, ausgelebt werden will, soll und kann.

Du sagst, die Umstände ließen den Jubel nicht zu?
Du denkst falsch, wenn du so redest.
Hast du es nicht satt, so rundum satt, dich in deiner Jubellosigkeit immer wieder nur auf deine äußeren und inneren Umstände zu berufen?
Gewiß ist vieles, was dein Leben erschwert, von außen oder innen, auf dich zugekommen. Doch sind viele Umstände, die deinen Jubel zu verhin-

dern scheinen, nichts anderes als Ausdruck deines eigenen Lebens. Und wenn das so ist, kannst du sie ändern, die einen vielleicht nicht, die anderen wohl.

2. UMGANG MIT ANGST [85]

THEORIE

1. WAS IST ANGST?

Das Wort „Angst“ leitet sich vom lateinischen angustiae ab und bedeutet „Enge“. Charakteristisch für *Angst* ist das *unbestimmbare* Gefühl des Bedrohtseins.
Furcht ist Angst vor Konkretem. Sie bindet sich an Objekte, Situationen und Vorstellungen (z.B. als Angst vor einem nahenden Hund, einer Prüfung, einem konkreten Versagen etc.)
Jede Beeinträchtigung des Lebens kann Angst erzeugen. Die Weite dieses Phänomens kommt sprachlich in der Vielfalt der Begriffsvariationen zum Ausdruck. So spricht man z.B. auch von Unruhe, Unbehagen, Scheu, Beklemmung, Unsicherheit, Ungewißheit, Aufregung, Bangen, Bestürzung, Schrecken, Grauen, Entsetzen, Panik usw.

Die Bedrohung kann aus zwei Richtungen kommen und sich äußern als

- Angst vor der *sichtbaren Welt*, z.B. vor der scheinbaren oder tatsächlichen Überlegenheit anderer Menschen, vor der Unübersehbarkeit einer Lebenssituation, vor dem Verlust der wirtschaftlichen Basis, vor der Zerstörung der Natur oder vor Krieg -
  und als
- Angst vor der *inneren Welt*, also vor sich selbst, z.B. vor Erinnerungen, Ahnungen, verdrängten Wünschen,

[85] In diesem Kapitel ist von *nicht-krankhaften* Ängsten die Rede.

verkapselter Wut, vor dem Gewissen, dem Verlust der Hoffnung, vor Sinnlosigkeit, davor, keinen Halt zu finden, Gott nicht zu genügen.

2. PRIMÄRE URSACHEN UND GRÜNDE DER ÄNGSTE

Auf diese Frage gibt es unterschiedliche Antworten. Wie immer sie beantwortet wird - sie hängt letztlich vom Menschenbild ab. Einige Beispiele:

- Kierkegaard (Religionsphilosoph) sieht den primären Grund in der *Angst vor dem Tod*,
- Heidegger (Philosoph) in der *Angst vor dem Nichts*,
- Freud (Psychoanalytiker) denkt an die Angst des Kindes im *Geburtskanal* und
- manche Theologen sprechen von der *Angst vor Schuld*.

Sicher ist, das zeigt die konkrete Arbeit mit Menschen: Die Angst hat viele *Auslöser* und fließt durch viele Kanäle, doch strömt sie aus nur wenigen *Quellen*, vielleicht nur aus einer.
Meiner Auffassung nach gehört zu den Hauptquellen der Angst auch der *Verlust der „Dimension der Tiefe“* (P. Tillich), der sich im 20. Jahrhundert zunehmend bemerkbar gemacht hat. Ich verstehe darunter die fortschreitende Entfremdung des Menschen von seiner inneren Welt und den damit verbundenen *geistigen* Gefühlskräften. Sollte diese Annahme zutreffen, wäre die Angst neben dem Sinnlosigkeitsgefühl das vorrangige Problem unserer Zeit. Denn wenn sich der Mensch von seinen geistigen Gefühlskräften entfremdet, entfremdet er sich von seinem „unbewußten Geist“ (Frankl) und darum von seinem Ge-

fühl für Wert und Sinn, Freiheit und Liebe, für den „Mut zum Sein“ (P. Tillich) und den *Grund* des Seins. Dann verliert er den Halt. Dann verbreitert sich die Kluft zwischen Denken und Fühlen, Kopf und Herz. Dann ist er gespalten. Doch in dem Maße, in dem ein Mensch gespalten ist, gewinnt der „innere Gegenspieler“ [86], die Inkarnation der Selbstablehnung, die Oberhand über ihn. Nichts aber macht *letztlich* mehr Angst als diese innere Macht.

3. DIE WIRKUNGEN DER ANGST

- Angst ist eine lebenswichtige *Mahn- und Warnfunktion* für den Menschen. Sie macht wach und aufmerksam. Sie spannt ihn an, wenn Anspannung erforderlich ist, sie fordert ihn zu Höchstleistungen heraus, wenn solche zur Bewahrung von Leben erforderlich sind.
- Angst *verzerrt den Blick*. Sie stört die Wahr-Nehmung der Wirklichkleit. Manchmal sehen wir Bilder, deren Maler gar nicht die Wirklichkeit ist, sondern unsere eigene Angst. Dann übertragen wir unsere angstvollen Vorstellungen auf das, was in Wirklichkeit ganz anders aussieht und anders ist. Dann sehen wir weniger auf die Bilder der Realität, wir „sehen“ mehr auf unsere eigene Angst.
- Angst *bestimmt* elementar *das Wertgefühl*. Wer Angst hat, ist nicht in seiner Mitte. Wer nicht in seiner Mitte ist, ist nicht bei sich selbst. Wer nicht bei sich selbst ist, ist mit sich nicht eins. Wer nicht mit sich eins ist, ist gespalten. Wer in sich gespalten ist, hat kein Stehvermögen.
- *Angst beeinflußt* in starkem Maße *den Motivationsbe-*

---

[86] Siehe dazu den Abschnitt: Der innere Gegenspieler.

reich. Wer Angst hat, ist nur mit *diesem* Gefühl beschäftigt und hat nur das Ziel, sie loszuwerden. Nichts scheint wichtiger zu sein als *dieses* Vorhaben. Sein Wertgesichtsfeld reduziert sich auf diesen *einen* Wert. Andere Ziele scheinen nicht mehr wichtig zu sein.

- Angst *beeinträchtigt* die *intellektuellen Möglichkeiten.* Wer Angst hat, ist auch in seiner Konzentration auf das Wesentliche und Wichtige gestört.
- Angst *behindert* das *Erkundungs- und Neugierverhalten.* Wer Angst hat, verliert jedes Interesse an Neuem. Er ist nur darauf bedacht, die gegenwärtig mißliche Situation hinter sich zu lassen.
- Angst ist ein *Mittel zur seelischen und sozialen Unterdrückung* Einzelner und ganzer Völker. Zahllose Beispiele zeugen davon.

PRAXIS

Eine Bemerkung vorweg: Die meisten Dinge, vor denen wir uns fürchten, treten nicht so ein, wie wir sie befürchtet haben. Das ist bekannt. Weniger bekannt ist, warum wir daraus keine Schlußfolgerung ziehen.
Auch die meisten Dinge, auf die wir uns freuen, treten so nicht ein, wie wir sie uns vorgestellt haben. Das ist ebenso bekannt. Kann es sein, daß die erfreulichen Vorstellungen deshalb häufig nicht Wirklichkeit werden, weil wir sie zu häufig mit unseren oft grundlosen Befürchtungen mischen?

1. SICH DER ANGST STELLEN

Wer behauptet, er habe keine Angst, kennt Menschen und sich selbst nicht. Er lebt gefährlich. Denn Ängste, die nicht zugelassen werden, bahnen sich ihre eigenen Wege. Wer sich jedoch seinen Ängsten stellt - ich meine nicht jene, die ihn mahnen und warnen, sondern ihn einengen und bedrängen - tut sich den größten Gefallen, wenn er sich verdeutlicht, *in welcher Weise* sie sein Leben einengen und bedrängen. Denn nur dann, wenn ihm deutlich genug ist, was sie mit ihm treiben, gewöhnt er sich nicht an sie. Nur dann kann er sich darüber *empören*, daß sie ihn dorthin treiben, wohin er nicht will. Nur dann hat er ein starkes Motiv, sich von ihnen distanzieren zu *wollen*.

2. SICH ENTSPANNEN

Wer Angst hat, ist über-spannt, geistig, seelisch *und* körperlich. Denn der Mensch ist eine körperlich-seelisch-geistige Einheit und Ganzheit. Wer daher den Körper entspannt, entspannt zugleich Seele und Geist.
Fragen Sie sich, womit Sie sich *am besten* entspannen können. Vielleicht treiben Sie *Sport*, vielleicht erlernen Sie das *Autogene Training*. Auch die bloße Wahrnehmung Ihrer *Atmung* kann kleine Wunder wirken. *Eutonie* ist möglich. Die Regale der Buchhandlungen sind voll von Büchern, die Ihnen gute Anregungen geben können.

3. ÄNGSTE DIFFERENZIEREN

Manchmal durchzieht uns die Angst, als gäbe es für sie keinen Widerstand. In solchen Zeiten kann es gut sein, alles aufzuschreiben, was ängstigt, und zu überlegen, was das Schlimmste, das Zweitschlimmste, das Nächstschlimmste etc. zu sein scheint. Warum? Weil die Differenzierung der Ängste deren globalen Druck verringert. Denn nicht alles, was uns bedrängt, ist in gleicher Weise einengend. Das eine ist weniger schwer zu ertragen als das andere.

Fragt man danach, was schlimmstenfalls „dabei" herauskommen könnte, wird man erkennen, daß das, was uns besonders ängstigt, zwar unangenehm werden, wahrscheinlich aber nicht katastrophal enden wird. Und wenn man zwischen dem Schlimmsten, dem Zweitschlimmsten etc. differenziert, wird man auch leichter erkennen, welches Problem vorrangig, welches danach und welches gut und gerne auch später gelöst werden könnte.

4. ANGSTAUSLÖSENDE SITUATIONEN AUFSUCHEN [87]

Eines der besten und erprobtesten Lebens-Mittel, mit der Angst umgehen zu lernen, besteht darin, so oft und so weit wie möglich *angstauslösende Situationen aufzusuchen*. Das gilt für die Beziehung zu Menschen, das gilt für die Beziehung zum Leben überhaupt.

Wenn Sie es wagen - vielleicht zunächst mit ein paar Perlen auf der Oberlippe - sich dem, wovor Sie sich ängstigen, zu nähern, werden Sie in aller Regel erfahren, daß die

[87] Der Leser meiner bisherigen Bücher möge mir nachsehen, daß er diesen und den nächsten Abschnitt zum wiederholten Male vorfindet. Ich halte jedoch beide Punkte im Zusammenhang unseres Thema für so wichtig, daß ich auf eine erneute Darstellung nicht verzichten möchte.

Vorstellung, die Sie sich von jemandem oder vor etwas Bestimmtem gemacht haben, nicht mit der *Erfahrung* übereinstimmt, die Sie machen werden, wenn Sie in den Angstbereich hineingehen.
Jeder erste Schritt nach vorn - z.B. zu einem überlegen wirkenden Menschen, in eine hochintelligent wirkende Gruppe, in ein angstmachend wirkendes Behördenhaus - wird zwar zunächst unangenehm, doch selten katastrophal sein. Deshalb könnte diese Erfahrung Sie zu einem nächsten Schritt ermutigen. Tun Sie ihn, und tun Sie ihn immer wieder, werden Sie entdecken, daß die *Erwartungsangst* zu Ihren gefährlichsten Gegnern zählt. Sie ist nämlich eine ideenreiche Gauklerin:
Sie macht Ihnen etwas vor, was *tatsächlich* ganz anders ist. Sie löst in Ihnen Vorstellungen aus, die der Realität nicht entsprechen. Wenn sie sich Ihnen nähert, täuscht und verwirrt sie Ihre Sinne. Sie engt Ihren Blick ein. Sie stört Ihre Wahrnehmung. Sie hält Ihnen scheinbar eindeutige Beweise hin. Sie drängt Ihr Vertrauen zurück.
Je klarer Sie jedoch diese Gauklerin durchschauen, desto eher werden Sie bereit sein, durch Ihren kalten Nebel hindurchzugehen, um das zu tun, was *Sie* wollen.
Wenn sich Ihre Erwartungsangst vermindert, vermindert sich auch Ihre verzerrte Wahrnehmung. Vermindert sich Ihre Wahrnehmungsstörung, fühlen Sie sich weniger gefährdet und können Sie um so leichter jene Situationen aufsuchen, die Sie einstmals fürchteten.
Seien Sie nicht *zu* streng mit sich und auch nicht zu lasch, wenn Sie damit beginnen, diese zweifelsfrei höchst wirksame Lebenshilfe in die Tat umzusetzen. Nehmen Sie sich nicht gleich die größten Probleme vor, sondern zuerst solche, von denen Sie annehmen, daß Sie sie auch bewältigen können. Doch verzagen Sie nicht, wenn die alte

Angst Sie bei Ihren neuen Bemühungen zu stören versucht. Denn zu vertraut sind ihr (noch) die Wege, auf denen sie sich Ihnen nähern kann.

5. VON DER TROTZMACHT DES GEISTES

Die „Trotzmacht des Geistes" - dieses altertümliche Wort, das Viktor E. Frankl vor ein paar Jahrzehnten fand, hat inhaltlich nichts von seiner Brisanz verloren. Gemeint ist damit die in *jedem* Menschen vorhandene, doch oft vergessene Grund-Fähigkeit, sich von bedrängenden Emotionen *distanzieren* und sich befreienden Gefühlen *zuwenden* zu können, selbst dann, wenn letztlich nicht bekannt ist, woher die störenden Ein-Flüsse kommen.
Die „Trotzmacht des Geistes" - das ist die gesammelte, unverbrauchte geistige Kraft, die einen Menschen dazu befähigt, sich nicht nur gehen, sondern auch *stehen* zu lassen. Sie ist sein *Aufbegehren* gegen ein Leben, das seiner nicht würdig ist. Sie verschafft ihm die Erfahrung, daß er *„größer"* sein kann als das, was ihn kleinzumachen droht.
„Ich lasse mir von mir selber nicht alles gefallen!" Dieser fabelhafte Satz - auch er stammt von Frankl - könnte der Schlüssel dafür sein, um die trotzmächtigen Kräfte tatsächlich in Gebrauch nehmen zu können. Diesen Satz muß man sich einverleiben!
Wie? Dadurch, daß Sie ihn sich *immer wieder kommen lassen*, vor allem dann, wenn sich das Angstgespenst erneut aufmacht, Ihre Kreise zu stören. Und vergessen Sie nicht: So wie es bestimmte Krankheiten gibt, so gibt es bestimmte angstauslösende Situationen, denen man nur mit einem Augenzwinkern begegnen sollte.

6. MUT ENTWICKELN

Eine besondere Ausformung der „Trotzmacht des Geistes“ ist der Mut. Mut ist, wie diese Macht, der Gegenpol zur Angst.
Mut, das ist das starke Gefühl, sich von inneren und äußeren Bedrängnissen „nicht unterkriegen“ zu lassen, sondern darauf selbst Einfluß zu nehmen. Mut ist das starke Gefühl, Schwierigkeiten gewachsen zu sein. Mut ist die *jedem* gegebene Möglichkeit, sich durch die Angst „hindurchzuglauben“ und ihr so wenig wie möglich Raum zu lassen. Mut, das ist der *bewußt einseitige* Blick auf die Möglichkeiten, die im Leben liegen. Mut ist das Gefühl, das sich bei dem einstellt, der sich gegen eineingendes, leeres, krankmachendes Leben *empört.*
Mut ist keineswegs nur eine angeborene Eigenschaft, keineswegs auch nur das Ergebnis kluger Erziehung. Mut hat vor allem mit Geist zu tun.
Mut kommt in dem Maße auf, in dem ich mir darüber Klarheit verschaffe, was mir besonders *wichtig* ist und was ich unbedingt *will*. Je klarer mir ist, *was* mir wichtig ist und *was* ich will, desto leichter entwickelt sich in mir der Mut. Wenn mir z.B. klargeworden ist, daß Unwahrhaftigkeit mich belastet und Wahrheit mich befreit, werde ich - mutiger als bisher - sagen, was ich denke, und tun, was ich sage.

7. ES GIBT WICHTIGERES ALS DIE ANGST

Von dieser „Methode“ zur Angstüberwindung kann ich nur schwärmen - Frankl nannte sie „Dereflexion“:

- Sie könnten z.B., wenn Sie vor Menschen reden müssen, angstvoll darauf achten, wann Sie steckenbleiben -, Sie könnten *auch* den einen oder anderen ansehen und sich darum bemühen, ihn nicht zu langweilen.
- Sie könnten, wenn Sie über den schmalen Grat eines hohen Berges wandern, angstvoll in die tiefen Schluchten starren, zuerst rechts, dann links, dann wieder rechts etc. -, Sie könnten Ihren Blick *auch* auf den durchaus stabilen felsigen Grund sehen, der Sie zweifelsfrei zu tragen vermag.
- Sie könnten, wenn Sie im Flugzeug sitzen, angstvoll darauf warten, wann sich der Flieger der Erde zuneigt -, Sie könnten *auch* z.B. die Mitreisenden studieren, das Eintauchen in die Wolkenbänke oder sogar - endlich einmal - die Welt da unten von einer höheren Warte aus betrachten.

Wer sich anschickt, seine Aufmerksamkeit auf *Wichtigeres und Sinnvolleres als die Angst* zu lenken - und das ist in vielen angstauslösenden Situationen möglich! -, wird zwar nicht gleich beim ersten Versuch angstfrei sein, jedoch erfahren, daß er mit *diesem* Maß an Angst gut leben kann.

8. MIT DER ANGST NICHT EINS WERDEN

Von Thomas von Aquin stammt die Erkenntnis, daß das in uns, was bestimmte Dinge erkennt, keines von ihnen in seiner eigenen Natur haben kann. Das bedeutet: Der „Teil“ in uns, der Schmerz fühlt, ist selbst frei von Schmerz. Der „Teil“ in uns, der Melancholie fühlt, ist

selbst frei von Melancholie. Der „Teil“ in uns, der Angst spürt, ist selbst frei von Angst. Damit ist gesagt, daß jeder Mensch, der z.B. Schmerz, Melancholie, Angst oder andere bedrängende Gefühle wahrnimmt, *„mehr“ ist als sein Problem* - und also „mehr“ als das, was ihn stört, behindert, einengt oder krankmacht. Diese Tatsache kann für leidende Menschen große Bedeutung gewinnen.
Wer Angst hat, kann in der Stille - bei geschlossenen Augen - z.B. die folgenden Sätze auf sich einwirken lassen - (wichtig ist, daß er sie sich vorher merkt, damit er sie nicht mühsam erinnern muß):

- Ich habe Angst - aber die Angst hat nicht mich.
  Die Angst bindet sich an mich - aber ich binde mich nicht an sie.
  Die Angst stört mich - aber ich verliere nicht meinen Standort.
  Die Angst ist das eine - ich selbst bin das andere.
  Ich bin „mehr“ als meine Angst.
  Ich bin ich selbst.
  Ich fühle mich selbst.

9. DIE NÄHE VON MENSCHEN SUCHEN

Nicht wenige ängstliche Menschen neigen dazu, sich „aus dem Leben“ zurückzuziehen und sich hinter selbstgezogenen Grenzen zu isolieren. Doch wer sich isoliert, macht kaum noch mutmachende Erfahrungen und verliert immer mehr Vertrauen - zu sich und dem Leben. Er öffnet weiteren, vielleicht sogar neurotischen Ängsten Tür und Tor. Weil der Mensch keineswegs nur ein Individuum, sondern auch ein Gemeinschafttswesen ist, ist es wichtig, mit an-

deren in Beziehung zu bleiben. (Die diversen Einwände gegen eine solche Möglichkeit sind meiner Erfahrung nach selten stichhaltig).
„Auch der Gorilla ist ein Individuum“, sagt Martin Buber, „ ... aber Ich und Du gibt es in unserer Welt nur, weil es den Menschen gibt, und zwar erst vom Verhältnis zum Du ... Erst der Mensch *mit* dem Menschen ist ein rundes Bild“ [88].

10. WER LIEBT, HAT WENIG ANGST

Wer Angst hat, ist vor allem auf seine Angst und deren mögliche Auslöser fixiert. Wer liebt, sieht über sein „kleines Ich“ hinaus. Wer liebt [89], dem weitet sich der Blick für die Wirklichkeit. Er übersieht zwar nicht, was ihn gefährden, er sieht jedoch *auch* und im besonderen, was ihn halten und schützen könnte. Er starrt nicht auf die Löcher im Leben, er hält danach Ausschau, was trägt. Wer liebt, bejaht Leben und wird von ihm dafür reichlich belohnt.
Und *was* soll man lieben?
Es geht nicht um dies oder das. Es geht um die *Haltung* dem Leben gegenüber, um die *Einstellung* zu ihm. *Alles Leben will angenommen sein!* Wer das begriffen hat und sich so weit wie möglich daran hält, hat wenig Angst.
Wer Leben liebt, dem beantwortet sich auch, und das keineswegs nur im Kopf, die allerwichtigste Frage: die nach dem *Halt* im Leben. Warum? Weil sich ihm die Brücke zwischen Bewußtsein und Unbewußtem verbreitert, so

---

[88] Martin Buber, Worte für jeden Tag, hrsg. von Dietrich Steinwede, Gütersloh 1999, 3. Woche im Januar.
[89] Siehe: Zugänge zur Wert- und Sinnerfahrung, Praxis, Punkt 10.

daß er Zugang zur inneren Welt und zum Lebensgrund findet. Wer aber dazu Zugang hat, dem verändert sich auch der Blick für die „reale" Welt, weil er *Vertrauen* ins Leben gewinnt.

11. „MENSCHEN SIND INTERESSANT, ABER NICHT ANGSTMACHEND" (I.H. Schultz)

Nichts macht Menschen so viel Angst wie die vor ihresgleichen. Woran liegt das? Die Ursachen dafür liegen

- im Mangel an Selbstvertrauen -
- an den (unbewußt ablaufenden) *Projektionen*, also daran, daß Menschen sich ihrer eigenen Aggressionen zu wenig bewußt sind und sie, weil niemand damit leben kann, auf andere übertragen, d.h. die eigene Wut, den eigenen Haß von sich auf andere schieben und - seltsam genug - sich dann vor ihrer eigenen Aggression fürchten. (Eine anregende Frage: Was gestehe ich mir ungern ein? Kann es sein, daß *ich* die/den, vor der/dem ich Angst habe, nicht mag?) -
- an den (unbewußt ablaufenden) Übertragungen alter seelischer Bilder (z.B. von Vater, Mutter, von Nachbarn, von Lehrern) auf reale Menschen hier und heute, die eine solche Übertragung etwa durch ihr Aussehen, ihre Stimme oder ein bestimmtes Verhalten auslösen, ohne daß sie *tatsächlich* mit den Gestalten von einst vergleichbar wären -
- an der tatsächlich vorhandenen Macht, die Menschen über andere haben. Doch zeigen zahllose Beispiele, daß machtvolle Menschen zwar dieses oder jenes dem Schwächeren nehmen, niemals jedoch ihm das Wichtigste nehmen können, die Würde, wenn der „Schwächere" es nicht

zuläßt. „Dem wird befohlen", so Nietzsche, „der sich nicht selber gehorchen kann"[90].

Was ist zu tun? Das Problem, um das es hier geht, ist so komplex, daß ich mögliche *Lösungen* nur andeuten kann:

- Wer Menschen gegenüber unsicher ist oder Angst hat, muß an seinem *Selbstvertrauen* arbeiten. Darf ich Sie deshalb bitten, sich den diesem Thema gewidmeten Abschnitt noch einmal zu vergegenwärtigen?

- Je schmaler die Kluft ist zwischen dem, wie jemand *ist* und dem, was er nach außen hin *darstellt*, je weniger er sich selbst „vormacht", desto mehr ist er *mit sich identisch*. Je mehr er mit sich identisch ist, desto mehr lebt er von sich selbst. Je mehr er von sich selbst lebt, desto unabhängiger ist er vom Urteil anderer - positiv und negativ. Das zu erreichen ist schwer. Das zu erleben, ist herrlich, weil es freimacht, weil es leicht macht, weil es Sinn macht.

Eine ganz wichtige Hilfe, um das erreichen zu können, besteht im Begreifen und Reduzieren dessen, was die Psychologie „Projektion" nennt.
Wenn ich nämlich meine eigenen, mir nicht eingestandenen Probleme von mir auf andere schiebe, dann
belaste ich andere,
bin ich nicht mit mir eins,
bin ich gespalten,
kann ich mich nicht lieben,
weiche ich aus,

---

[90] Zitiert in: Das Enneagramm der Weisheit, S. 218.

zieht sich das Leben in mir zurück,
begünstige ich die Entwicklung seelischer Störungen,
bin ich nicht offen,
bin ich nicht frei,
bin ich nicht verantwortlich,
bin ich nicht gemeinschaftsfördernd,
bin ich von anderen getrennt,
trennen sich andere von mir,
verliere ich die Achtung der anderen,
verliere ich die Achtung vor mir selbst,
entwickle ich Angst,
vertieft sich in mir die Angst,
vertieft sich die Angst der anderen vor mir,
weitet sich die Angst vor mir aus,
drängt mich die Angst, meine eigenen Probleme wieder von mir auf andere zu schieben.

Und wie lassen sich Projektionen reduzieren?
Dadurch, daß wir uns selbst so wenig wie möglich „vormachen“. Das wiederum gelingt am ehesten dadurch - sofern wir keine therapeutische Hilfe brauchen -, daß wir dann und wann über die schon genannte Frage *nachdenken*, was wir ungern eingestehen, nicht einmal uns selbst.

• Man hat viel Kluges darüber gesagt, daß der Mensch einzigartig und mit keinem anderen vergleichbar sei und deshalb auch keiner vom anderen beurteilt werden könne. Das ist im Prinzip richtig. Es fragt sich nur, ob dieser Satz nicht den einen oder anderen überfordert. Viele finden diese Aussage zwar hinreißend, durch die Erkenntnis allein wird ihre Angst jedoch nicht geringer. Verständlicherweise. Denn die *Erfahrung* der Einzigartigkeit ist

zwar eine Möglichkeit, sie muß aber erst *erarbeitet* werden.
Wodurch? Z.B. dadurch, daß wir begreifen, daß der Mensch nicht nur einzigartig ist, sondern auch einem Typus angehört. Denn je klarer wir *diesen* Sachverhalt erkennen, desto deutlicher wird uns, daß Menschen nicht nur unter äußeren Zwängen, sondern auch nach *inneren Notwendigkeiten* handeln. In dem Maße aber, in dem wir das verstehen, verringert sich unsere Angst vor ihnen.

- Vor *tatsächlich* „großen Leuten" braucht man am wenigsten Angst zu haben, weil sie aus ihrer Mitte leben und daher liebesfähig sind.

Ein eindrucksvolles Beispiel dafür erlebte ich während eines Staatsexamens. Ein Kandidat, der bekannt war wegen seiner politisch nicht gerade üblichen Ansichten, fürchtete sich am meisten vor der Prüfung bei einem Professor, der nicht nur in seinem Fach eine Kapazität, sondern auch eine großartige Persönlichkeit war (wovon der Student allerdings nichts wußte).
Nach der Prüfung war er sehr verwirrt. Warum? Weil er es kaum fassen konnte, wie human, ja fast freundschaftlich ausgerechnet dieser Prüfer ihn durch den schwierigen Stoffdschungel geleitet hatte.

12. MAN MUß NICHT JEDE ANGST ÜBERWINDEN

Man muß nicht jede Angst überwinden, selbst jene nicht, die andere sich nicht einmal vorstellen können. Man muß nicht unbedingt in Tiefen schwimmen, auf Pferden reiten, auf hohen Türmen Ausschau halten. Man kann sogar auf Fahrstühle verzichten, Spinnen aus dem Wege gehen, um

Hunde einen Bogen machen. Man muß nicht unbedingt jede Angst überwinden, weil vieles, wovor wir uns fürchten, nicht zur *Mitte* des Lebens gehört.

Es gibt auch Ängste, die in Lehrbüchern neurotisch genannt werden und doch im konkreten Fall gar nicht neurotisch sind. Es gibt Ängste, die ganz reale Gründe haben - aus der Sicht von Menschen, die manches im Leben sensibler wahrnehmen als manche ihrer Zeitgenossen.

Wer allerdings seine Ängste um jeden Preis überwinden will, sollte sich fragen, ob er es möchte, um mehr Freiheit zu gewinnen - oder deshalb, weil er mit Schwächen schwer leben kann. Sollte letzteres der Fall sein, wäre die Angst nicht sein größtes Problem.

3. UMGANG MIT NIEDER-GESCHLAGENHEIT

THEORIE

1. NICHT JEDE NIEDERGESCHLAGENHEIT IST EINE DEPRESSION

Niedergeschlagenheit ist das Gefühl, nicht mehr aufrecht stehen und sein Leben nicht mehr frei und eigenständig *führen* zu können. Sie ist das Gefühl, so stark belastet zu sein, daß die Freude *am* Leben dem Druck *im* Leben weicht. Die krankhafte Form von Niedergeschlagenheit nennen wir Depression. Doch darf nicht jedes Leiden dieser Art krankhaft genannt werden.
Nicht jedes Bedrücktsein ist unser Feind. Es gibt auch „depressiv“ genannte Zustände, die in bestimmten Zeiten zu uns gehören wie die Freude, die Freiheit, die Lust am Leben. Leben ist polar, und deshalb kann Niedergeschlagenheit ein ganz natürlicher, situativ angemessener Zustand sein. Von dieser Form soll in diesem Kapitel die Rede sein.

2. URSACHEN DER NIEDERGESCHLAGENHEIT

- Niedergeschlagenheit kann vom *Körper* verursacht, vielleicht auch nur ausgelöst sein. Denken Sie nur an den Kopfschmerz nach einer zu kurzen Nacht oder den „verdorbenen Magen“ nach dem Genuß eines nicht mehr frischen Nahrungsmittels. Weil der Mensch eine Einheit ist von Körper, Seele und Geist, wirkt sich jede Störung in allen drei Dimensionen aus. Die Palette der Möglichkeiten *körperlicher* Verursachung ist für den medizinisch nicht Geschulten unüberschaubar.

- Niedergeschlagenheit kann auch *seelisch-geistige* Ursachen haben, und auch sie sind nicht immer durchschaubar: Vielleicht ist sie eine Reaktion auf eine unsensible Bemerkung des Partners, vielleicht die Vorahnung eines sich anbahnenden Problems im Beruf, vielleicht eine Reaktion auf schwere Ereignisse, die zu verkraften nicht leicht sind, z.B. ein Mißerfolg, eine Trennung oder gar der Tod eines nahestehenden Menschen.

Mag sein, daß sich Niedergeschlagenheit als Folge von Dauerbelastung entwickelt, z.B. durch Streß, Einsamkeit, eine schwere Ehe, einen ungeliebten Beruf, dadurch, daß eine wichtige Lebensfrage nicht lösbar erscheint.

Es kann auch sein, daß jemand nicht weiß, wozu er überhaupt noch da ist. Dann droht das Leben seinen Sinn zu verlieren. Dann fühlt er sich leer, einfach „nur" leer. Und in einem solchen „Raum" innerer Leere kann sich mühelos das Gefühl der Niedergeschlagenheit ausbreiten [91].

3. FAST JEDE KRISE IST EINE GUNST

Ich werde nicht müde, diesen Satz zu sagen: Fast jede Krise ist das Fieber der Seele, die ihren Sinn nicht (mehr) hinreichend kennt und daher auf neues, sinnvolles Leben drängt. Fast jede Krise ist auch Aus-Druck von ungelebtem Leben, das darauf wartet, aus-gelebt zu werden. Vor

---

[91] Siehe dazu: Einführung, S. 13 f.

allem aber: Fast jede Krise ist eine *Herausforderung* zur Veränderung des Lebens.
Lassen Sie uns unter diesem Gesichtspunkt die Hilfen betrachten, die manchmal notwendig sind, um der Niedergeschlagenheit Schranken zu setzen.

> *Im Traum befand sich ein älterer Mann im „Reich des Schattens". Im Zwielicht dieses Reiches begegnete er Menschen, mit denen er Konflikte gehabt, und solchen, die gut zu ihm gewesen waren, deren Freundschaft er aber abgewiesen hatte.*
> *Zunächst erstaunt und dann entsetzt war er jedoch, als er vor einem grau gewordenen Herzen stand, auf dem er seinen eigenen Namen las. Noch lebte das Herz, doch wurden seine Töne merklich schwächer. Er wollte schreien, doch schnürte die Angst ihm die Kehle zu.*
> *Da hörte er eine Stimme, die von weit her zu kommen schien und dreimal sprach: „Noch gibt es Tage des Lebens."*

PRAXIS

1. ÄRZTLICHE HILFE

Wer sich *längere* Zeit niedergeschlagen fühlt und ahnt, daß sein Zustand seinem ursprünglichen Lebensgefühl nicht mehr entspricht, sollte zunächst einen Arzt aufsuchen, selbst dann, wenn er plausible Gründe für seine Niedergeschlagenheit zu haben glaubt. Möglicherweise hat seine Störung doch körperliche Ursachen. Es könnte sonst sein, daß sich aus der Störung ein handfestes Problem entwickelte, körperlich und seelisch.

2. VITALISIERUNG DES KÖRPERS

Die Vitalisierung des Körpers bedeutet immer zugleich eine Vitalisierung der Seele, denn der Mensch - Sie wissen schon - ist eine Einheit und Ganzheit. Um gleich praktisch zu werden: Wandern, Laufen, Schwimmen, Sport treiben, gute Ernährung etc. sind vielfach beschworene Hilfen für den Körper -, daß sie aber auch der *Seele* beste und sehr natürliche Hilfen sein können, wird zu wenig beachtet.
Sollte der bedrückte Mensch dagegen einwenden, er sei für dergleichen zu schwach, dann sollte er sich fragen, wie wichtig ihm die Veränderung seines Zustandes ist.

3. UMSTÄNDE ÄNDERN

Sehr oft ist Niedergeschlagenheit eine Reaktion auf Umstände, die man partout nicht will. Beispiele dafür gibt es wie Sand am Meer.
Was ist zu tun?
Ist das nicht klar?
Und wenn sich die Umstände nicht ändern lassen?
Sind sie *tatsächlich* nicht veränderbar?
Doch *wenn* sie nicht (rasch) veränderbar sind, gilt es, die *Einstellung* zu den Dingen zu ändern, denn, so sagen es z.B. die bekannten Verhaltenstherapeuten A. und C. Lazarus: „Unsere Emotionen werden nicht einfach von Er-

eignissen bestimmt, sondern eher von dem, was wir über die Ereignisse denken“ [92].
Ob das schwer ist oder leicht?
Das hängt davon ab, ob wir uns ein Gefühl für die Qualität von Leben erhalten - und ob wir begriffen haben, daß wir *viel* freier sind, als wir uns in der Regel *zumuten*. Allerdings: Freiheit ist kein Trieb ...

- Mögen Sie die Augen schließen?

Lassen Sie, so gut es geht, die Gedanken abfließen.
Lassen Sie sich Ein-Fälle zu der Frage kommen: „Was wäre, wenn ich frei wäre?“ Nehmen Sie sich Zeit für die Einfälle.

Danach schauen Sie mit Ihren „inneren Augen“ auf ihr Herz und *warten* darauf, bis sich *von selbst* Bilder der Freiheit zeigen.
Bleiben Sie so lange bei diesen Bildern, bis Sie vom *Gefühl* der Freiheit durchströmt sind.
(Wenn Sie über diese Anregung nicht hinweg läsen und sie praktizierten, würden Sie sich vermutlich wundern, wie gern und willig sich die „Weisheit des Herzens“ (Pascal) in Bildern zeigt).

---

[92] A. und C. Lazarus, Der kleine Taschentherapeut, Stuttgart 1999, S. 51. Sie zitieren auch Epiktet und Shakespeare. Epiktet: „Nicht die Dinge selbst beunruhigen die Menschen, sondern die *Vorstellungen* von den Dingen.“ Shakespeare: „.Denn nichts ist gut oder schlecht, das nicht erst unser Denken dazu macht“ (S. 52).

4. SCHWERE GEDANKEN ÜBERWINDEN

Kennen Sie das? Da sind Gedanken, von denen Sie sich nicht befreien können. Die Gedanken fließen einfach nicht weiter. Sie halten Sie besetzt. Sie kommen nicht von ihnen los. Sie *müssen* sie denken. Sie können sie nicht überspringen. Sie können sie nicht unterdrücken. Sie können sie nicht verbieten. Sie haften an Ihnen. Sie lassen sich nicht abweisen. Und je mehr Sie Ihnen zu widerstehen versuchen, desto mehr drängen sie sich Ihnen auf.
Ihre Konzentration schwindet. Das, womit Sie sich beschäftigen *wollen*, bleibt Ihnen fremd. Sie kreisen nur um das eine: um ein scheinbares oder tatsächliches Versagen, um eine alte Schuld, um den Gedanken, daß Sie nichts wert sind, daß Sie „alles" nicht schaffen, daß Ihr Partner Sie wahrscheinlich doch nicht liebt, daß Ihre Berufskollegen Sie unterschätzen, daß Ihr Nachbar sich Ihnen gegenüber „irgendwie" anders verhält, daß Sie keine Perspektive und daher keine Zukunft haben. Sie werden selbst wissen, was das sein kann, worüber wir hier sprechen.
Wie kann man lernen, mit solchen Gedanken umzugehen?

- Wir werden von ihnen bereits ein wenig freier, wenn wir sie näher kennenlernen, z.B. dadurch, daß wir sie studieren, notieren und uns vergegenwärtigen, wenn sie wieder in Erscheinung treten. Denn jede *Bewußtmachung* dieser Gedanken schafft eine gewisse Distanz zu ihnen.

- Andererseits: Gedanken solcher Art leben davon, daß wir ihnen *zuviel* Beachtung schenken und uns über sie *ärgern*. Und wir ärgern uns über sie, weil wir ihnen ausgeliefert zu sein scheinen. Wir sind es jedoch nicht, jedenfalls dann nicht, wenn wir sie uns *wie einen inneren Film* anschauen, mit dessen Inhalt wir *selbst* nichts zu tun haben -, wenn wir sie wie ein interessantes Objekt studieren und uns z.B. fragen, was uns wohl gleich zu diesem Thema einfallen wird.

- Es kann auch eine Hilfe sein, den lästigen Gedanken einfach *zuzustimmen* und zu sagen: Ja, das ist wohl so, das trifft zu. Denn wenn wir ihnen nicht widerstehen, vermindern wir die Spannung zwischen ihnen und uns. Dann reduzieren wir ihre besitzergreifende Macht. Dann ziehen sie sich zurück. Dann weicht von uns der Druck. Dann werden wir wieder freier für das, worum es uns eigentlich geht.

Sollten diese Hinweise nicht weiterführen, kann der folgende Punkt zur echten Hilfe werden.

5. SICH DEM „INNEREN VERBÜNDETEN" ANVERTRAUEN

Es gibt ein Gespräch, das niemand hört und kaum jemand kennt. Es findet an einem Ort statt, den jeder kennt, und der doch nicht jedem vertraut ist. Er findet ständig statt. Ich denke an das Zwiegespräch der eigenen Seele, an das Für und Wider der Gedanken und Gefühle, an das Hin und Her zwischen Zögern und Entscheiden. Es ist das Gespräch zwischen dem *Lebensbejaher* in uns, der Leben will und sucht, und dem *Lebensverneiner* in uns, der sich weigert, zu hoffen und zu glauben, daß Leben geht und gut sein kann.

Vor allem der Mensch, der zu schweren Gedanken neigt, muß wissen, daß in jedem von uns *zwei* Seelen wohnen, die mehr oder weniger unser Lebensgefühl bestimmen: die *eine*, die unser Bestes will, die *andere*, die gerade das zu verhindern versucht. Die eine ist Ausdruck des „inneren Gegenspielers“ [93], die andere die des „inneren Verbündeten“.

Der „innere Gegenspieler“ sucht im Menschen nicht das Helle, nur das Dunkle. Er deckt das Schwache auf, nicht das Starke. Von Güte weiß er nichts, auch nicht von Großzügigkeit. Trotz seiner scheinbar tiefen Moralität geht es ihm nicht um Wahrheit oder gar Liebe, sondern allein darum, den Menschen, in dem er sein Unwesen treibt, zu unterdrücken, kleinzumachen, auszuhöhlen. Es geht ihm um die Zerstörung von Glück.

Unser Denken basiert auf einem ständigen inneren Dialog. Inneres Sprechen aber, sofern es sich nicht auf Objektives, z.B. auf Mathematisches oder Wirtschaftliches, sondern auf Menschliches bezieht, ist ein ständiges inneres Gespräch zwischen eben jenem „inneren Gegenspieler“ *und* dem „inneren Verbündeten“. Diese Tatsache ist nicht nur für unser Thema, sie ist insgesamt für das Werden der Persönlichkeit von größter Bedeutung. Denn es geht dabei um die alles entscheidende Frage, *welcher* dieser beiden inneren Stimmen *ich selbst (*als Person [94]) Gehör schenken werde, welche Stimme für mich *bestimmend* sein soll.

INNERER GEGENSPIELER INNERER VERBÜNDETER

ICH SELBST

---

[93] Siehe dazu den Abschnitt: Der innere Gegenspieler.

[94] Siehe dazu den Abschnitt: Wer ist der Mensch? Punkt 15.

Wenn ich das in mir ablaufende Zwiegespräch begriffen und erkannt habe, welch zentrale Rolle *ich selbst* dabei spiele, kann ich daraus eine elementare Hilfe für mein ganzes Leben gewinnen. Konkret:

Wenn z.B. dunkle, depressive Gedanken kommen, von denen ich den Eindruck habe, daß sie mir nichts Hilfreiches zu sagen haben, sondern lediglich „Quälgeister" des „inneren Gegenspielers" sind, kann ich so mit mir umgehen:

- Ich schließen die Augen und nehme die einzelnen Gedanken zur Kenntnis.
Ob sie mir tatsächlich nichts Hilfreiches sagen wollen?
Wenn nicht, *was* denn beabsichtigt der *„innere Gegenspieler"* mit ihnen ?
Ob es ihm wirklich um „Wahrheiten" geht?
Ob er mich etwa nur peinigen will?
Ich lasse mir Zeit für diese Fragen.

Dann wende ich mich dem „inneren Verbündeten" zu. Wahrscheinlich wird er sich nicht gleich äußern, denn das Dunkle treibt mich, nach dem Hellen aber muß ich mich ausrichten. Also gilt es, auf ihn zu *warten*. Er wird sich melden, wenn ich ihm bewußt zugewandt bleibe.
Jetzt höre ich seine befreienden, gütigen Sätze. Wieder nehme ich die einzelnen zur Kenntnis.
Ob ich *ihm*, dem *„inneren Verbündeten"*, vertrauen kann?
Ob *er* es gut mit mir meint?

Ob es *ihm* um Wahrheit geht?
Wieder lasse ich mir Zeit für diese Fragen.
Danach wende ich mich *beiden* zu, indem ich mich zwischen sie stelle. Ich lasse beide auf mich wirken.
Nun stehe ich vor der Entscheidung, auf wen ich hören und wem ich mich zuwenden will. Ich habe die *Wahl*. Sollte ich mich heute - und vielleicht immer wieder - für den „Verbündeten" entscheiden und mich *ihm* zuwenden, wird das mein Leben verändern, heute spürbar, auf Dauer gründlich.

Wenn allerdings aus lästigen Gedanken zwangsneurotische werden, sollte unbedingt fachliche Hilfe gesucht werden.

6. ES GIBT AUCH DIE GUTE TRAURIGKEIT

Manchmal sind wir eingetaucht in eine Traurigkeit, von der wir nicht wissen, woher sie kommt. Manchmal spüren wir einen inneren Schmerz, von dem wir nicht wissen, woher er kommt. Wir fühlen uns nicht allzu schwach. Wir sind auch nicht verzweifelt. Wir sind einfach nur traurig. Vieles tut weh. Manches weint aus uns heraus.
Es kann sein, daß die Traurigkeit ein Stück unserer inneren Vereisung wegschmelzen möchte. Mag sein, daß wir über etwas trauern, was wir bislang nicht wahrhaben wollten - z.B. über alte, noch immer nicht verwundene Verletzungen, über lang gehegte, nie erfüllte Hoffnungen, über Enttäuschungen, darüber, daß wir zuviele Fesseln mit uns herumschleppen. Danach zum Beispiel und nach anderem auch würde ich fragen.

Der Schmerz, der aus der Seele kommt, ist selten unser Feind, eher unser Freund. Er zieht seine Bahn von jenem „Ort“ der Seele, an der sie verdunkelt, verletzt, verknotet ist, bis hin ins helle Licht des Bewußtseins -, um uns aufzuwecken, aufzurütteln und uns aufmerksam zu machen auf das, was wir noch nicht zur Kenntnis nehmen, nicht wahrhaben, nicht wahrmachen konnten oder wollten.
Der Schmerz der Seele gleicht dem Fieber des Körpers. Beide sind ungeliebt, doch beide wollen nur das eine: mahnen, warnen, herausfordern zum Leben, solange noch Zeit ist.

7. ZORN MACHT FRISCH

Ein herrliches Mittel, sich von depressiven Zuständen zu befreien, ist der Zorn.
Zorn ist gebündelte Kraft. Zorn holt den Menschen heraus aus seinem Kreisen um die eigene Schwäche. Zorn vertreibt im Nu die Dunkelheit der Seele und füllt sie aus mit einem einzigen starken Gefühl. Und hat der Zorn einmal seine Bahn finden dürfen, so dauert es eine ganze Weile, ehe sich die Traurigkeit der Seele wieder bemächtigen kann.
Jeder depressive oder niedergeschlagene Mensch hat Aggressionen. Sie sind ihm zwar oft nicht bewußt, doch sind sie da wie seine (unbewußten) Wünsche. Und wie die Wünsche gesucht werden wollen, so auch der Zorn (der manchmal sogar ein „heiliger“ ist).
Sie sagen, Sie hätten Angst, ihn zum Vorschein kommen zu lassen?
Ich spreche doch nicht von blinder Wut - ich spreche doch von Ihrem *berechtigten* Zorn.

8. KENNEN SIE IHRE WORTFEINDE?

Jedes Wort, das aus unserem Munde kommt, wirkt auf andere und wirkt auf uns selbst zurück. Worte wirken. Worte wirken sich aus. Worte sind Ausdruck von Leben. Menschen, die niedergeschlagen sind, neigen dazu, ihr Bedrücktsein durch Worte zu verstärken und manchmal sogar auszulösen. Sie sagen z.B.: Ich bin nichts wert. Ich kann das nicht. Das schaffe ich nie. Das wird nicht gutgehen.

- *Viele Worte, die wir sagen, werden zu Leitgedanken, die negativen aber entwickeln sich zu Leid-Gedanken.*

Es ist wichtig, diese Wortfeinde zu kennen, denn sie führen uns, wohin wir nicht wollen. Doch weil sie widerspenstig sind, wenn sie sich einmal in die Seele eingegraben haben, ist es wichtig, sie zu notieren und sich immer wieder vor Augen zu führen, damit sie rasch erkennbar sind, wenn sie ihre seelen-zerstörende Arbeit aufnehmen.

Es ist auch möglich, gute Leit-Worte in die Sprache auf zunehmen, z.B. diese:

- *Nun reicht's!*
Heute ist ein neuer Tag!
Heute setze ich mich durch!
Das schaffe ich!
Wenn nicht jetzt, wann denn?
Das wird schon gutgehen.

9. PHANTASIEN KÖNNEN FLUCHT SEIN

Depressive oder niedergeschlagene Menschen neigen dazu, sich in (selbst)aggressive Phantasien zu flüchten, in Bilder von Größenwahn oder Wut, Einsamkeit, Ausweglosigkeit oder Sterben. Denken Sie z.B. an das oft bemühte dramatische Bild vom Grab, an dem die Angehörigen stehen, weinend und voll von Schuldgefühlen, während der „Tote" sie mit grimmiger Lust betrachtet ...
Phantasien solcher Art nehmen dem Leidenden mehr noch als bisher die Bodenhaftung. Sie höhlen ihn aus. Sie verhindern, daß er *Stellung bezieht*, worum es hier und jetzt geht. Sie verbreitern den Graben zwischen Realität und Wunschwelt. Sie vertiefen seine inneren Spannungen.

Phantasien anderer Art könnten dagegen eine Hilfe sein, solche nämlich, die *reale* Möglichkeiten avisieren. Ein Beispiel:
Was wäre, wenn ich heute abend bei der Party ein Gast wäre wie jeder andere auch? Dann wären Gedanken und Bilder möglich wie etwa diese:

> Man wird mich freundlich empfangen. Das Buffet wird hervorragend sein. Wahrscheinlich wird man wieder den exzellenten blauen Burgunder anbieten.
> Niemand wird mich bemitleiden. Ich werde schon meine Frau/meinen Mann stehen. Ich gehe aufrecht durch die schönen Flure.
> Wahrscheinlich wird jener interessante Mann wieder da sein, mit dem ich mich das letzte Mal fabelhaft unterhalten konnte. Wahrscheinlich lerne ich auch neue Menschen kennen ...

10. GRENZEN AKZEPTIEREN [95]

Fragen Sie sich, ob das, was Sie sich seit langem wünschen und noch immer nicht erreicht haben, für Sie vielleicht utopisch ist.
Vielleicht müssen Sie begreifen, daß das, was Sie wollen oder sich abverlangen, einfach nicht geht. Sie haben sich gedreht und gewendet, Sie haben in Ihrer Seelentiefe geforscht. Sie haben gegen sich gewütet aus Verzweiflung über diese Grenze. Doch alles war umsonst. Die Grenze bleibt. Sie werden sie nicht los. Sie bleibt Ihnen treu.

Sie würden von großem Druck befreit sein, Sie wären weniger in sich gefangen, Sie würden eine ur-sprüngliche Freiheit fühlen, wenn Sie aufhörten, sich von der Grenze, die offenbar *auch* zu Ihnen gehört, pressen zu lassen.

10. WORAUF SEHE ICH?

Menschen, die niedergeschlagen sind, neigen zu *Wahrnehmungsstörungen*. Sie sehen nur das Schwierige, nicht das Mögliche. Sie fixieren sich auf das Mißlingende, nicht auf das Gelingende. Ihr Blick ist ein-seitig auf das Negative ausgerichtet. Das ist zwar verständlich, deshalb jedoch nicht weniger niederziehend - und schon gar nicht notwendig oder schicksalhaft.
Wer einseitig auf die dunklen Pole sieht, dem verengt sich sein Blick für das, was wert ist zu leben. Wer nicht mehr genügend Werte sieht, erkennt immer weniger die vorhandenen Gründe für Sinn. Es ist wichtig, diesen Zusam-

---

[95] Siehe auch: Wie gewinne ich Selbstvertrauen?, Praxis, Punkt 8.

menhang zu kennen. Wichtiger ist, daraus Schlüsse zu ziehen. Welche?
Sie könnten *eine* Leitfrage zur Glücksfrage werden lassen. Sie lautet:

- *Worauf sehe ich - auf das Bedrückende nur, auf das Befreiende auch?*

Die Kostbarkeit dieser Frage wird der zu schätzen lernen, der sie sich täglich „einverleibt".

11. EINFACHE HILFEN KÖNNEN EINFACH HELFEN

Manche unscheinbare Gewohnheiten, die uns auch an guten Tagen bekömmlich sind, wirken sich hin und wieder auch an trüben Tagen wohltuend auf unsere Seele aus: ein schäumendes Bad, ein gutes Glas Wein, der Kauf einer sündhaft teuren Bluse ...
Nein, diese Dinge lösen keine Depression oder Niedergeschlagenheit auf, doch verhelfen sie hin und wieder zu einer gewissen Distanz zur Eintönigkeit des depressiven Gefühls.
Vor allem aber: *Jede* Freude verstärkt die Energie von Körper und Seele!

Ob *Sie* wissen, was Ihnen gut täte?
Sie haben nicht einmal Lust, danach zu fragen?
Sollten Sie so reden, würde ich nachdenklich werden.
Nicht alle, die leiden, wollen von ihrem Leiden frei sein.

Nicht alle, die sich bedrückt fühlen, sehnen sich nach einem heiteren Leben. So seltsam können Menschen sein.

12. NICHT ZU VIEL KLAGEN

Manche Menschen, die sich niedergeschlagen fühlen, neigen dazu, ihren Zustand zu oft und zu eindrucksvoll mit Worten, Blicken und Gebärden mitzuteilen. Das stört die Beziehung zu anderen, das vertieft auch das eigene mißliche Befinden. Wer mit anderen zusammenlebt, könnte deshalb versuchen - vielleicht mit deren Hilfe -, nur zu *bestimmten* Zeiten seine Klagen zu äußern.
Das Geheimnis dieses scheinbar künstlichen Hinweises besteht darin, daß der, dem es nicht gut geht, dazu herausgefordert wird, in den Grenzen seiner Möglichkeiten seinen Zustand zu *gestalten*. Die anderen werden es ihm mit ihrer Achtung danken. Achtung ist Wertschätzung, und gerade sie braucht er wie nichts anderes sonst.

Zum Schluß: Um diese eine Frage kommt niemand von uns herum: ob er *leben* will oder nicht.
Lautet die Antwort „*ja*“, dann werden wir erfahren, daß sich uns das Leben erschließt. Dann wird aus dem Ja zum Leben die Liebe zum Leben. Dann zeigen sich uns Werte, die wir vielleicht schon länger nicht mehr sahen.
Lautet die Antwort „*nein*“, dann vollzieht sich die gegenteilige Entwicklung. Dann verschließt sich uns das Leben. Dann verweigert sich uns der Sinn.

„Nur deine Illusionen“, sagte der kluge Anthony de Mello, „hindern dich an der Erkenntnis, daß du frei bist - und immer warst“ [96].

[96] Anthony de Mello, Warum der Schäfer jedes Wetter liebt, Freiburg i.B. 1995, S. 182.

4. STRESS UND SEINE ÜBERWINDUNG

THEORIE

Streß scheint für viele Zeitgenossen keinesweg ein Problem zu sein. Manchmal scheint es sogar, als sprächen sie von ihm nicht ohne Stolz. Wer Streß hat, ist beschäftigt, wird gebraucht, ist wichtig, gilt etwas. So scheint es.
Für viele andere dagegen ist Streß durchaus ein not-volles Problem. Doch obwohl sie dessen Ursachen zu kennen meinen, scheint die Lösung des Problems nicht leicht zu sein.
Was ist Streß - und wie wirkt er sich aus?

1. STRESS UND SEINE AUSWIRKUNGEN

Der Begriff Streß stammt aus der Physik und meint ursprünglich den Druck und die Spannung, durch die sich ein Gegenstand verformt. 1936 führte der englische Physiologe Hans Selye den Begriff (Stress, engl.: Druck, Kraft) in die Medizin ein und beanspruchte ihn für ein charakteristisches Reaktionsmuster von Menschen und Tieren auf erhöhte Beanspruchungen. Nicht lange danach nahm sich auch die Psychologie des Themas an. Inzwischen ist es in aller Munde. Sehen Sie nur in die Regale der Buchhandlungen! Ich habe jedoch den Eindruck, daß das Phänomen selbst noch immer nicht deutlich genug erfaßt worden ist und daher die vielfältig angebotenen Hilfen nicht tief genug greifen.

Wenn ich in Seminaren die Teilnehmer bitte, sich Einfälle und Assoziationen zu bestimmten Begriffen kommen zu lassen, werden zu „Streß“ besonders viele Aspekte genannt. Für manche Teilnehmer scheint es geradezu eine Wohltat zu sein, endlich all das beim Namen nennen zu können, worunter sie seit langem leiden. Da werden Begriffe geäußert wie z.B.:

> *Druck, Termindruck, Leistungsdruck, Konkurrenzdruck, Überanstrengung, Erschöpfung. Ärger, Aggressivität, Überreiztheit, Nervosität, Hochspannung, Getriebensein, hoher Blutdruck, Depression, Zerschlagenheit, Angst, Konflikte, Störungen, Sinnlosigkeit, Müdigkeit.*
>
> Andere Teilnehmer äußern kurze Sätze wie z.B. diese:
>
> *Ich werde nie fertig. Die Aufgaben fressen mich auf. Ich bin mir selbst fremd. Ich kann mich nicht mehr entscheiden. Ich treffe nur noch falsche Entscheidungen. Meine Widerstandskräfte erlahmen. Ich habe keine Kraft mehr. Ich will hier weg. Meine Beziehung geht kaputt. Was soll das Ganze? Ich bin ausgebrannt. Ich will nicht mehr (leben).*

Was ist Streß?

Wir unterscheiden *Eustreß*, den positiven Streß, und *Distreß*, den negativen Streß. *Distreß* ist ein Zustand, der eintritt, wenn wir körperlich und seelisch so gefährdet sind, daß wir alle verfügbaren Kräfte aufbieten müssen, um uns selbst verteidigen, schützen und bewahren zu können.

Doch nicht jeder Streß gefährdet uns, im Gegenteil: Es gibt auch positiven Streß, den *Eustreß*. Keineswegs nämlich ist es von Vorteil, ständig nur entspannt zu sein: „Was

.. *der Mensch* in Wirklichkeit *braucht*", so Frankl, „ist ... *eine gewisse, eine gesunde Dosis von Spannung* - etwa jene dosierte Spannung, wie sie hervorgerufen wird durch ein Angefordert- und Inanspruchgenommensein durch einen Sinn"[97].
Das bedeutet konkret?
Jede Anforderung, die wir spüren, fordert uns zum Handeln heraus. Jede schwierige Situation, in der es um Verwirklichung von Sinn geht, fordert uns dazu heraus, uns auf den Wert auszurichten, der die Situation sinnvoll machen könnte. Ob uns das erste Rendez-vous bevorsteht oder das letzte Examen -, ob wir ein schwieriges Gespräch zu einem guten Ende bringen wollen oder einen 5000 m - Lauf -, ständig begegnen wir Situationen, die nicht Entspannung von uns verlangen, sondern *Anspannung*. Doch nur dann, wenn das, wofür wir uns anspannen, sinnvoll ist, geraten wir nicht in Distreß, erleben wir Eustreß. (In diesem Abschnitt soll allerdings nur von Distreß und seiner Vorbeugung bzw. Überwindung die Rede sein).

2. WIE ENTSTEHT DISTRESS?

2.1. DER KÖRPERLICHE ASPEKT

Ein Mensch gerät in eine Situation, die er weder geplant noch erwartet hat. Da reagiert einer unserer Sinne auf diese Situation. Die Folge: Im Gehirn wird das sog. Streßsystem aktiviert, damit die u.U. bedrohliche Situation gemeistert werden kann. Die Nebenniere wird aufgefordert, verstärkt die Streßhormone Adrenalin und Corti-

---

[97] Viktor E. Frankl, Ärztliche Seelsorge, S. 105.

sol auszuschütten. Diese wiederum erhöhen - gemeinsam mit dem „anregenden“ Sympathikus-Nerv - die Herztätigkeit, den Blutdruck und die Atmung, damit Gehirn und Muskeln ausreichend mit Sauerstoff versorgt werden. Die Leber ihrerseits stellt Zuckerreserven für die erhöhte Muskelanspannung zur Verfügung etc. Eine wahre Kettenreaktion *entsteht*! Der *gesamte* Funktionsablauf erstreckt sich

- auf den Gefühls- und Gedankenbereich und
- auf den körperlichen Bereich (einschließlich der Skelettmuskeln) - und beide Bereiche sind miteinander verbunden.

Wen wundert´s, daß in dem Maße, in dem ein Mensch gestreßt ist, insbesondere seine „Schwachstellen“ in Mitleidenschaft gezogen werden. Mehr noch: Letztlich wirkt sich Distreß auf den *ganzen* Menschen aus, weil er den Energiefluß behindert oder gar blockiert. *Wie* er sich allerdings auf den einzelnen auswirkt und *wann* jemand ernstlich an dessen Folgen erkrankt, hängt selbstverständlich von der jeweiligen Person ab und davon, in welcher Situation er sich befindet.

Um zu veranschaulichen, wie negativer Streß wirken *kann*, möchte ich Ihnen die folgende „Liste“ vorstellen [98]:

> Das *Gehirn* sagt: „Mir steigt alles zu Kopf.“ Die *Folgen* können sein: Migräne, Kopfschmerzen, Konzentrationsstörungen, Depressionen.

---

[98] Die „Liste“ stammt aus einem medizinischen Artikel, dessen Autor ich leider nicht mehr ermitteln kann. Ich erlaube mir, sie dennoch in meinen Abschnitt aufzunehmen, weil ich sie für sehr aufschlußreich halte. Ich hoffe, daß der Autor dadurch seine Arbeit gewürdigt weiß.

Das *Auge* sagt: „Das kann ich nicht mehr mitansehen." Die *Folgen* können sein: Überempfindlichkeit gegen grelles Licht, Zucken und Schleier vor den Augen, Übermüdung, Sehstörungen.

Die *Blutgefäße* sagen: „Das Blut gefriert mir in den Adern." Die *Folgen* können sein: Durchblutungsstörungen, Schwindelgefühle, Schwindelanfälle, kalte Hände oder Füße.

Die *Speicheldrüse* sagt: „Vor Schreck bleibt mir die Spucke weg." Die *Folgen* können sein: Kloß im Hals, trockener Mund, (bei zu wenig Speichel), Verdauungsstörungen.

Die *Lunge* sagt: „Etwas schnürt mir die Kehle zu." Die *Folgen* können sein: Atemnot wegen Sauerstoffmangel, zu schnelle flache Atmung (nach Luft schnappen), Asthmaanfälle.

Das *Herz* sagt: „Ich glaub´, ich bekomme einen Schlag." Die *Folgen* können sein: Herzrhythmusstörungen, Schmerzen und Stiche im Brustbereich, Angstgefühle wegen Infarktverdacht.

Der *Magen* sagt: „Ich hab mir vor Wut ein Loch in den Bauch geärgert" - oder: „Mir schlägt alles auf den Magen." Die *Folgen* können sein: Magenschleimhautentzündungen, Geschwüre.

Galle und *Leber* sagen: „Mir läuft vor Wut die Galle über." Die *Folgen* können sein: erhöhte Leberwerte, Gallenblasenentzündungen, Leberzirrhose.

Die *Bauchspeicheldrüse* sagt: „Ich bin total auf dem Hund." Die *Folgen* können sein: Hungergefühle, Schwäche, Schweißausbrüche, Unterzuckerung.

Die *Nieren* sagen: „Alles geht mir an die Nieren." Die *Folgen* können sein: Klopf- und Druckschmerzen, Nierenbeckenentzündungen, Bluthochdruck.

Der *Darm* sagt: „Ärger schlägt mir auf den Darm." Die *Folgen* können sein: Stuhldrang, Blähungen, chronische Verstopfung, Durchfälle.

Die *Blase* sagt: „Das schlägt mir auf die Blase." Die *Folgen* können sein: Harndrang, Schmerzen beim Harnlassen, Entzündungen (Infektionen).

Die *Geschlechtsorgane* sagen: „Ich hab zu nichts mehr Lust." Die *Folgen* können sein: Menstruationsbeschwerden, Verlust der Libido, Impotenz.

Die *Muskulatur* sagt: „Ich bin vor Schreck wie gelähmt." Die *Folgen* können sein: allgemeine Abgespanntheit, Krampfneigung, Rückenschmerzen.

2.2. DER SEELISCH-GEISTIGE ASPEKT

Wieder gilt: Ein Mensch gerät in eine Situation, die er weder geplant noch erwartet hat. Unbehagen stellt sich

ein. Unbehagen wird zu „Nervosität". Nervosität entwikkelt sich zu Ängstlichkeit, die sich z.B. in Reizbarkeit oder Deprimiertheit äußert. Aus Ängstlichkeit wird Angst, Angst verzerrt die Wahrnehmung. Ernsthafte Beziehungsstörungen zeigen sich. Klagen über „Zeitmangel" nehmen zu. Übermäßige Ichbezogenheit wird spürbar. Der Welt- und Werthorizont verengt sich: Der Gestreßte sieht kaum noch Schönes, Positives, Wichtiges. Die Frage nach Sinn in dem, was er ist, was er erlebt und was er tut, stellt sich konkret. Er fühlt sich existentiell frustriert. Die Frage wird wieder beiseitegeschoben, das Sinnvakuum durch Ersatzmittel gefüllt. Gerade dadurch aber verdichtet sich die existentielle Frustration - und ebenso der Streß.
Anders gewendet:
Zeit ist die Form, durch die der Inhalt Leben fließt. Je enger diese Form ist, desto weniger Leben fließt hindurch. Distreß aber verhindert das *Sein* des Menschen *in* der Zeit. Weil der Gestreßte Druck empfindet, hastet er von einer Situation in die andere: Er ist nicht mehr geistesgegenwärtig. Er verweilt nicht mehr im Augenblick. Er nimmt die in der Gegenwart sich anbietenden Werte nicht mehr achtsam wahr. Er hat scheinbar keine Zeit mehr, Entscheidungen reifen zu lassen. Er ist nicht mehr genug bei sich - weil nur die Gegenwart der „Ort" ist, an dem der Mensch existiert. Und das hat Folgen:
Der gestreßte Mensch wird sich zunehmend fremd, kommt sich selbst nicht mehr nahe, kommt nicht mehr zu sich selbst, ist nicht mehr bei sich, steht nicht mehr zu sich, hat kein Stehvermögen mehr. Er fühlt sich wie „ausgehöhlt". Er fühlt innere Leere. In diese Leere aber können all jene Gedanken, Empfindungen und Gefühle einfließen, die er um keinen Preis will - z.B. depressive, ängstliche, süchtige - und deshalb begibt er sich so rasch

wie möglich wieder in die unselige Umlaufbahn des Stresses, auf der er wieder und wieder die Erfahrung der Leere machen wird. Irgendwann wird er sich dann zu entspannen versuchen - und erkennen, daß die Entspannung entweder nicht gelingt oder zur Lösung des Problems nicht mehr ausreicht.

3. ALLGEMEINE ASPEKTE

Sollte ich alle möglichen *Stressoren* beschreiben - gemeint sind die Bedingungen, Ursachen und Gründe, die zu Distreß führen können -, hätte ich ein ganzes Buch zu füllen. Ebenso hätte ich Stoff für ein Buch, wenn ich gründlich verdeutlichen sollte, warum gerade der Distreß zu einer der markantesten Geißeln unserer Zeit wurde. Hier muß ich mich mit folgenden Hinweisen begnügen:

Alles, was ich nicht will - und doch tue und erlebe bzw. tun und erleben muß, kann Distreß verursachen. Alles, was mich in meiner Selbstbestimmung beschränkt und meinen Freiheitsraum einengt, kann mich negativ stressen.

Beispiele? Der Lärm, die Abgase, das gespritzte Obst - der dingliche Wertepluralismus, der geistige Wertepluralismus, die Orientierungslosigkeit - die Krankheit, die Arbeitslosigkeit, die soziale Ungerechtigkeit - das Minderwertigkeitsgefühl, das Schuldgefühl, das Angstgefühl - die Auseinandersetzung mit dem Partner, den Kindern, den Kollegen - der Umzug, die Scheidung, der Tod eines nahen Menschen - die Vergangenheit, die noch immer

schmerzt, die Gegenwart, die nicht ausgefüllt ist, die Zukunft, die keine Hoffnung zu erlauben scheint.
Distreß stellt sich immer dann ein, wenn ein Mensch auf Dauer nicht so lebt, wie es ihm entspricht. Daher ist er weit mehr als ein „modernes Problem". (Dieser Begriff würde die Tiefe der Problematik verharmlosen). Distreß ist vielmehr eine tief-greifende *Not* der Menschen unserer Zeit.

Ich fasse zusammen:
Wenn Streß chronisch wird, zieht er körperliche, seelische und geistige Probleme nach sich [99]:

1. Distreß behindert oder blockiert den *körperlichen* Energiefluß im Menschen. Bestimmte Organe werden in besonderer Weise durch Distreß angegriffen. So können z.B. Bluthochdruck, Migräne oder Verdauungsstörungen die Folge sein.
2. Distreß behindert oder blockiert auch den *seelischen* Energiefluß, so daß z.B. Angstzustände, Panikanfälle oder Depressionen entstehen können..
3. Distreß behindert die *wertorientierte Persönlichkeitsbildung*, wenn die psychophysische Basis einer Persönlichkeit gestört wird.

---

[99] A. und C. Lazarus weisen darauf hin, daß in den letzten Jahren durch viele wissenschaftliche Untersuchungen deutlich geworden sei, daß akuter oder chronischer Streß ein breites Spektrum gesundheitsschädigender Auswirkungen haben könne. Einige Forschungsergebnisse besagen auch, daß bestimmte Störungen des Immunsystems durch Distreß ausgelöst werden. Schließlich: In Japan, so Lazarus, seien Menschen buchstäblich an Überarbeitung gestorben. In: Der kleine Taschentherapeut, S. 139 f.

4. Distreß ist m.E. eine bislang zu wenig beachtete Variante der „existentiellen Frustration", jener von Viktor Frankl beschriebenen besonderen „Krankheit" unserer Zeit. Viele Symptome *dieses* Problems sind denen des Distress vergleichbar. (Es lohnt sich, den Zusammenhang zwischen diesen beiden Störfeldern näher zu untersuchen).

Auf einer „inneren Wanderung" wanderte ein streßgeplagter Mann zu seinem Herzen. Er staunte darüber, wie schön es war. Er freute sich über die Farbigkeit der Wände und genoß den Duft, der durch den Raum drang. Er legte sich nieder und erlebte, wie gut es war, in seinem Herzen zu Hause zu sein. Hier wollte er bleiben.
Da erschien nach einiger Zeit sein „zweites Ich" in der Tür seines Herzens. Bei näherem Hinsehen bemerkte er in dessen Augen eine tiefe Traurigkeit. Auf die Frage, was er hier suche, antwortete jener: „Ich hüte dein Herz, wann immer du nicht zu Hause bist."

PRAXIS - MÖGLICHKEITEN ZUR ÜBERWINDUNG VON DISTRESS

Weil das Erscheinungsbild des Stresses sehr komplex ist und kein Mensch einem anderen gleicht, gibt es keine bestimmte Methode zur Bewältigung von Distreß. Deshalb will ich die Möglichkeiten zur Vorbeugung oder Überwindung so komplex wie möglich darstellen. Sie, lieber

Leser, werden selbst sehen - sofern Sie denn streßgeplagt sind -, welche Punkte Ihnen behilflich sein könnten:

1. DISTRESS DURCH-SCHAUEN

Zunächst ist es wichtig, den *Distreß*

- *wahrzunehmen,*
- *sich einzugestehen*
- und konkret zu untersuchen, wodurch er ausgelöst, verursacht oder begründet ist, d.h. die *Stressoren* zu finden.

Nicht günstig wäre allerdings, das Kind mit dem Bade auszuschütten und den Eustreß als Distreß zu mißdeuten. Wer sich dagegen seinen chronischen Streß, dessen Ursachen und Wirkungsgeschichte vergegenwärtigt, wird sich darüber *empören*, was er sich durch andere und/oder sich selbst aufgebürdet hat. Am Anfang jeder existentiellen Wende steht immer beides:

- die gefühlte Erkenntnis des Problems und seiner Wirkungsgeschichte,
- der gefühlte Entschluß, sich nicht wie bisher durch die Tage gehen zu lassen.

2. PRIORITÄTEN, ZIELE, HAUPTSACHEN ERKENNEN

Welche *Prioritäten*, welche *Ziele*, welche *Hauptsachen* sollen für Ihr Leben gelten? Was ist für Sie *wirklich* wichtig? Was wollen Sie *unbedingt* leben - z.B. in Ihrer Familie, in Ihrem Freundeskreis, in Ihrem Beruf?

Wenn Sie wissen, was für Sie wirklich wichtig ist, wissen Sie auch, was Sie daran hindert, es *in der Tat* zu leben -

z.B. Geldsucht, Geltungssucht, Mangel an Durchsetzungskraft, Konformismus etc.
Wahrscheinlich brauchen wir gar nicht viel, um relativ stressfrei leben zu können. Wahrscheinlich brauchen wir dieses *eine* nur: zu wissen, was die Hauptsachen in unserem Leben sein sollen - und *sie* leben.
Ganz gewiß haben nicht Geld oder Geltung, nicht Karriere oder Erfolg, ganz gewiß haben nicht die rasch verlierbaren Dinge des Lebens das Zeug dazu, Hauptsachen im Leben sein zu können. Dazu eignen sich nur solche, die innere Freiheit schaffen und Frieden, innere Wärme und Gelassenheit.

3. NICHTS DARF „ALLES" SEIN

Es gibt nicht *einen* Wert, es gibt *viele* Werte. Daher macht nicht ein Wert ein Leben wertvoll, und sei er noch so honorig - erst mehrere gelebte Werte bringen Erfüllung des Lebens.
Der Beruf ist nicht „alles", die Ehe nicht „alles", die Familie nicht, die eine Leidenschaft nicht, das eine Projekt nicht, *die* Vision nicht etc.
Jede *Fixierung* auf einen Wert engt das Wertgesichtsfeld ein und führt irgendwann unweigerlich in die existentielle Frustration, besonders dann, wenn der eine Wert, z.B. der Erfolg im Beruf, dahinschwindet. Jede Fixierung auf einen Wert hat irgendwann auch Distreß zur Folge, weil sie zur Verarmung des Wertgefühls für sich, andere und anderes führt. Und das wiederum bedeutet eine Reduzierung der Fähigkeit zur Selbstbestimmung, also *der* Voraussetzung, sich nicht über Gebühr stressen zu lassen.

4. DIE SORGE VERMINDERN

„Obwohl sie nicht hundert Jahre alt werden“, sagt ein chinesisches Sprichwort, „bereiten sich die Menschen Sorge für tausend Jahre.“

Zu den gefährlichsten, weil am wenigsten durchschaubaren Stressoren gehört die ständige Sorge. Der sich sorgende Mensch ist jemand, der die Gegenwart nicht genießen kann, weil er nicht eins mit ihr ist. Und weil er nicht eins mit ihr ist, lebt er gespalten in ihr. Innere Gespaltenheit aber ist der Streßfaktor Nr. 1.

Einerseits lebt der Sorgende in der Gegenwart, andererseits sorgt er sich über sie hinweg, da er der kommenden Gegenwart, der Zukunft, mißtraut. *Mißtrauen* aber ist die Mutter der Sorge.

Der mißtrauische Mensch hofft wenig, glaubt wenig, sucht wenig, wagt wenig, liebt wenig. Er wartet. Er wartet vor allem darauf, daß das eintrifft, was er befürchtet. So zwingt er das Negative geradezu herbei. (Jede Idee hat nämlich die Tendenz, sich zu verwirklichen). Das aber bestätigt ihn wieder in seiner düsteren Auffassung vom Leben, in seiner ständigen Sorge.

Wer so lebt, lebt nicht ohne Gewinn: Er täuscht sich seltener als der Vertrauende. Er traut seiner Vertrauenslosigkeit. Er fühlt sich als Realist. Und doch: Das Leben wird nicht warm bei ihm - und ist darum frustrierend.

Als die einfallsreichsten Wesen der inneren Welt gelten die Sorgengeister, die überall auf den Straßen der inneren Welt zu sehen sind. Man erkennt sie schon von weitem an ihrer dünnen Gestalt und ihren farblosen Gewändern.

> *Die meisten anderen Wesen haben Respekt vor ihnen, nur die inneren Kinder nicht. Sie haben nämlich ein Geheimnis: Wenn ihnen ein Sorgengeist entgegenkommt, laufen sie einfach in ihn hinein, und dann - löst er sich auf. Selbstverständlich haben die Kinder ihr Geheimnis längst den Erwachsenen anvertraut. Die Großen sagen jedoch immer nur, solche Geschichten seien nichts als Märchen*[100].

Wer unter Distreß leidet, sollte danach fragen, welche „Sorgengeister" ihm am häufigsten begegnen. Und auch danach, ob das, worum er sich sorgt, tatsächlich sorgenswert ist. Eine der für mich in diesem Zusammenhang hilfreichsten Fragen lautet:

- Ist „das" so wichtig?

5. MEHRDIMENSIONALES DENKEN

Nicht die *Tatsachen* bedrängen unser Leben, sondern die *Gefühle*, die wir ihnen entgegenbringen. „Ich habe es hier besonders erfahren", schreibt Dietrich Bonhoeffer am Heiligen Abend 1943 aus dem Gestapo-Gefängnis in Berlin an seinen Freund Eberhard Bethge, „daß die Tatsachen immer bewältigt werden können und daß nur die Sorge und die Angst sie vorher ins Maßlose vergrößern"[101].

Nicht die Tatsachen bestimmen die Qualität eines Lebens, sondern die *Einstellung zu* ihnen! Nicht die Arbeit, nicht der Konflikt, nicht die Krise, nicht die Krankheit, nicht

---

[100] Uwe Böschemeyer, Zu den Quellen des Lebens, 24. Januar.

[101] Dietrich Bonhoeffer, Widerstand und Ergebung, S. 131.

das, was uns fehlt, nicht das, was uns „das Schicksal" vorenthält, nicht diese Zeit etc., sondern die Art unserer Reaktion darauf bestimmt, wie wir unser Leben *finden* (finden!) [102]. Welche Befreiung liegt in dieser Erkenntnis! Welche Ermutigung geht davon aus! Es liegt vor allem an uns. Nicht primär an den Umständen. Es liegt an uns, ob wir und wie wir unser Leben *führen.* Es liegt deshalb auch an uns, ob wir uns dem möglichen Distreß ergeben oder nicht.

Wie aber lassen sich Bedrängnisse auf ein erträgliches Maß verringern? Wann immer die Umstände schwierig, wenn nicht sogar hart sind - „das Leben", so Bonhoeffer, „wird nicht in einzige Dimension zurückgedrängt, sondern es bleibt mehrdimensional-polyphon" [103]
Was heißt das?

Im engen Rahmen seiner Haftzeit hat Bonhoeffer - er verstand sich übrigens nicht im geringsten als Held! - mehrdimensionales Denken *gelebt.* So schreibt er z.B.: „Ich habe es mir fast zur Regel gemacht, wenn die Leute hier vor dem Angriff zittern, immer nur davon zu reden, daß für die kleinen Städte ein solcher Angriff noch viel schlimmer wäre" [104].
Aufgrund seiner *erlernten* Fähigkeit, Sache und Gefühl nicht ständig zu vermischen und über sein Ego hinaus auch auf andere und anderes sehen zu können, konnte er auch - aus der Haft! - Sätze wie diesen schreiben: „Ich

---

[102] Siehe dazu den Abschnitt: Umgang mit Niedergeschlagenheit, Praxis, Punkt 2.
[103] Bonhoeffer, Widerstand und Ergebung, S. 210.
[104] ebd.

hoffe, daß Ihr trotz der Alarme die Ruhe und Schönheit dieser sommerlich warmen Pfingsttage voll auskostet. Man lernt ja allmählich, von den Bedrohungen des Lebens innerlich Abstand zu gewinnen, d.h. 'Abstand gewinnen' klingt eigentlich zu negativ, zu formal, zu stoisch, richtiger ist wohl, zu sagen: man nimmt diese täglichen Bedrohungen in das ganze Leben mit hinein" [105].

Es gibt eine einfache „Übung", die ganz deutlich zeigt, was mehrdimensionales Denken, Fühlen und Wahrnehmen bedeutet. Sie ist darüber hinaus eine ausgezeichnete Hilfe, sich zu sammeln, zu sich zu kommen und sich zu entstressen.

- Setzen Sie sich in einen Raum, in dem Sie ganz für sich sind. Schließen Sie die Augen. Sie brauchen nicht zu denken und nicht die Gefühle zu orten. Sie brauchen auch keine Probleme zu lösen. Sie brauchen nur zu *hören.*
  Worauf?
  Auf das, was Sie hören:
  auf den Wind, auf das Hupen der Autos, auf den Ruf des Vogels, auf das Signal des Notarztwagens, auf das Kinderlachen, auf die bärbeißige Stimmes des Nachbarn,
  auf alles, was Laut gibt, auf die gesamte Vielstimmigkeit der Welt, die Sie umgibt.
  Nur hören, nichts als hören ...

  Im Laufe der Zeit werden Sie bemerken, daß Sie in *verschiedene* „Etagen" und Räume hineinhören,

---

[105] ebd.

in die Höhe, in die Tiefe, in die Breite, nach vorn, nach hinten, nach allen Seiten. Und Sie werden die Geräusche, Stimmen und Klänge deutlich unterscheiden und *auseinander halten* können. Sie werden die Erfahrung machen, daß Sie aufgrund der Polyphonie, der Vielstimmigkeit der Töne, sich auf keinen Laut fixieren *müssen*, sogar auf die Stimme des unfreundlichen Nachbarn nicht. Sie werden im Laufe der Zeit empfinden - und das tut gut! -, daß alles, was Sie hören, zu *Ihrer* Welt gehört, eben auch jene Geräusche, die Sie bislang störten.
Sie werden bei sich sein, ganz nah bei sich, sofern Sie bei dem sind, was Sie hören.

Selbst wenn Sie keine der in diesem Buch beschriebenen „Übungen" praktizieren - lassen Sie sich auf *diese* ein. Tun Sie es, werden Sie sie vermutlich zum festen Bestand Ihrer „Arbeit" an sich selbst machen - und erfahren, daß diese einfache Hör-Kur Ihren Blick fürs Leben verändern wird.

6. DIE GEDULD WACHSEN LASSEN

Gibt es eine wichtigere Eigenschaft, die geeignet wäre, dem Distreß entgegenzuwirken, als die Geduld? Doch wie gewinnt man sie?
Worte, die wir rasch denken, sagen, hören oder lesen, verfliegen wie der Hauch des Windes. Erst das Wort, bei dem wir *bleiben*, *in* das wir uns eindenken und einfühlen, dessen Facettenreichtum wir kennenlernen, kann auf uns einwirken und seine Wirkungsgeschichte in uns entfalten.

Wenn ich mich z.B. auf das Wort Geduld *ein-lasse*, gewinne ich eine Beziehung zu seinen Wurzeln.

Was ist Geduld? Geduld ist die im Grunde jedem Menschen eigene Fähigkeit, sich selbst und dem, was ihm begegnet, die innere und äußere Entwicklung zu erlauben, die er und anderes Leben braucht. Um nun möglichst nahe an das *Wesen* des Wortes Geduld heranzuführen, nehme ich verdichtete Einsichten von Schriftstellern zu Hilfe.

- „Geduld ist das Schwerste und das Einzige“, sagt Hermann Hesse, „was zu lernen sich lohnt. Alle Natur, alles Wachstum, aller Friede, alles Gedeihen und Schöne in der Welt beruht auf Geduld, braucht Zeit, braucht Stille, braucht Vertrauen, braucht den Glauben an langfristige Vorgänge ...“
- Geduld führt zur Identität, denn, so Ramon Llull: „Wer Geduld hat, besitzt sich selbst.“
  Und wie findet man sie und damit sich selbst?
- Einen wesentlichen Grund für Geduldsfindung nennt Francisco de Osuna mit seinem Loblied auf die Sanftmütigen: „Die Sanftmütigen besitzen wahrhaft die Dinge dieser Erde, denn bei ihrem Verlust verlieren sie nicht die Sanftmut, und sie lassen das Verlorene in Frieden dahingehen, worin sich zeigt, daß sie nicht von ihnen besessen sind.“
- Einen bescheideneren Aspekt nennt Jean Anouilh: „Das Leben besteht aus lauter kleinen Münzen, und wer sie aufzuheben weiß, hat ein Vermögen“ [106].

---

[106] Zitate aus: Das Enneagramm der Weisheit, hrsg. von Marion Küstenmacher, München 1996

- Die Liebe hat zwei Töchter, sagt ein Sprichwort, die Güte und die Geduld. Ob Hugo von Hofmannsthal an dieses Wort gedacht hat, als er schrieb, der Teufel fürchte nichts mehr als die Geduld eines Menschen?

Geduld ist nichts Passives. Geduld ist etwas Aktives. Geduld verlangt gelassenes Stehvermögen, und gelassenes Stehvermögen verlangt innere Freiheit. Innere Freiheit aber lebt nur der Weit-Sichtige, und weitsichtig ist nur der, der sich von den Störungen der gegenwärtigen Situation nicht übermäßig irritieren läßt.

Geduld geht mit Hoffnung einher, und darin ist sie stark. Denn indem die Geduld hofft, sieht sie über das gegenwärtig Bedrängende hinaus in der gewissen Erwartung, daß neues Leben sich zeigen wird. Diese Erwartung aber hat ihren tiefsten Grund in der Gewißheit, daß der Sinngrund des Lebens bleiben wird, auch wenn er sich manchmal nicht zeigt.

- Schließen Sie die Augen. Schauen Sie sich an, *wie* es in Ihnen atmet. Lassen Sie die Gedanken abfließen, so gut es geht. Sprechen Sie das Wort „Geduld“ einige Male halblaut aus.
  Schauen Sie mit Ihren „inneren Augen“ auf Ihr Sonnengeflecht. Es zeigt sich in der Regel als gold-gelbes Bild. *Warten* Sie darauf, bis sich Ihnen Bilder der Geduld zeigen.
  Bleiben Sie bei diesen Bildern, bis Sie vom Geduldsgefühl ganz ausgefüllt sind.

7. SICH AUF DEN TAG VORBEREITEN

Wie ein Tag wird, hängt oft davon ab, wie man in ihn hineingeht. Ich jedenfalls kann mir nicht vorstellen, wie ein Tag sinnvoll werden kann ohne vorherige Besinnung auf ihn. Die Möglichkeiten solcher Besinnung sind selbstverständlich sehr unterschiedlich. Drei Beispiele:

- Selten hilft zur Vorbeugung oder Überwindung von Streß ein fester und minutiös ausgearbeiteter Plan für den Tag. Alle Erfahrungen besagen, daß gerade dadurch Streß entsteht. Stattdessen können *Fragen* hilfreich sein , z.B. diese:
Was will ich heute *bestimmt* erreichen? - Was wäre heute nicht *so* wichtig? - *Wovor* will ich mich heute schützen? - Welchen *Genuß* werde ich mir heute erlauben?

- Von guten Erfahrungen berichten auch jene, die sich am Morgen auf einen bestimmten *Wert* besinnen und sich dazu *innere Bilder* kommen lassen, z.B. des Mutes, der Freiheit oder der Liebe. Ein Wert ist attraktiv, für den jedenfalls, der sich auf ihn Wert ein-läßt.

- Möglich wäre auch, sich bequem hinzusetzen, die Augen zu schließen, die störenden Gedanken der Nacht kommen zu lassen, sie nicht abzuwehren - und zu erleben, wie sie sich nach einiger Zeit von selbst zurückziehen. Denn alles Leben, auch das unangenehme, will sich zeigen. Wer es wahrgenommen hat, wird von ihm weniger als zuvor zur Wahrnehmung gezwungen werden. Und wer am Morgen mit relativ freiem Kopf in den Tag geht, wird am Abend vermutlich weniger gestreßt sein.

8. SICH AUF DIE NACHT VORBEREITEN

Auch wie die Nacht wird, hängt häufig davon ab, wie ich in sie hineingehe. Der Tag ist vergangen. Es gibt nichts mehr zu tun. Ich kann mich schlafen legen, ich kann mich auch noch auf das besinnen, was heute war.
Was war am Tage? War da Besonderes? War da Schönes, Schwieriges? War ich selbst da in dem, was ich erlebte?
Ich lasse die Bilder noch einmal kommen, lasse sie zu, lasse sie an mir vorbeiziehen, schaue sie nur an, betrachte sie nur - und verabschiede mich für heute von ihnen.
Wer auf der Schwelle zum Raum des Schlafes die Bilder des Tages noch einmal auf-nimmt, nimmt sie zur Kenntnis und verdrängt sie nicht. Wer sie am Ende des Tages nicht verdrängt, drängt sie auch nicht in den Anfang der Nacht. Wer noch einmal die Bilder anschaut und über-blickt, dem ordnen sich die Ein-Drücke des Tages und erscheinen ihm in einem gewissen Zusammenhang. Und alles, was in ihm zusammenkommt, überwindet sein Gespaltensein, führt zum Einssein mit sich selbst. Wer sich vom Tage verabschiedet, ist frei für die Nacht und frei vielleicht auch für den Morgen.

9. SICH ENTSPANNEN

Für die Vorbeugung oder Überwindung von Streß gibt es keine bestimmte Methode. Das gleiche gilt für die Entspannung. Der eine macht beste Erfahrungen mit dem Autogenen Training, der andere mit Eutonie, ein dritter wieder hat eine bestimmte Meditationsform entdeckt etc. Von stark streßgeplagten Menschen allerdings hören wir

immer wieder, sie fänden diese oder jene Hilfe ganz fabelhaft, könnten sich aber trotzdem nicht entspannen, weil ihnen tausend und mehr Gedanken durch den Kopf jagten. Besonders für diese Menschen scheint mir die folgende Entspannungsform vorteilhaft zu sein, weil sie leichter als andere Übungen den alltäglichen Fluß der Gedanken zu unterbrechen scheint:
Herbert Benson, Harvard-Kardiologe, hat sein Anti-Streß-Programm, das er „Relaxation Response" nennt, in einem Interview mit „Psychologie heute" vorgestellt [107]. Von der Wirkung dieser Methode sagt Benson, sie wirke nicht nur, wenn sie gerade praktiziert werde. Sie beeinflusse auch den Rest des Tages. So sei unser Gehirn unmittelbar nach der Entspannungsübung klar und frisch und besonders fähig, neue Informationen besser zu verarbeiten und Neues zu lernen als vorher.

Der Weg zur Entspannung führt über folgende Stufen:

1. „Wählen Sie ein Wort (z.B. Ruhe, Gelassenheit, Mut, Anm. V. Verf.) ... das Sie als Fokus verwenden wollen, oder konzentrieren Sie sich nur auf Ihren Atem.
2. Sitzen Sie ruhig in einer bequemen Haltung.
3. Schließen Sie die Augen.
4. Entspannen Sie die Muskeln.
5. Atmen Sie langsam und natürlich, wiederholen Sie Ihr Fokuswort jedesmal beim Ausatmen.
6. Bleiben Sie passiv , kümmern Sie sich nicht darum, ob Sie es gut machen. Wenn Ihre Ge-

---

[107] 20. Jahrgang, Februar 1993, 21 ff.

danken ´ wandern´ , lenken Sie sie auf den Fokus zurück.

7. Halten Sie diese Prozedur 10 bis 20 Minuten durch.
8. Entspannen Sie sich nach dieser Methode ein- bis zweimal pro Tag. “

10. WEITERE KONKRETE HINWEISE

In dem bereits erwähnten Buch von A. und C. Lazarus[108] finden sich eine Reihe sehr praktischer Hinweise zur Prävention und Überwindung von Distreß, von denen ich Ihnen die m.E. wichtigsten zusammenfassend vorstellen möchte:

- Die mit dem Beruf verbundenen *persönlichen* Aufgaben erkennen -
- Verantwortung delegieren -
- Sich keine über-flüssigen Verpflichtungen aufladen -
- Sich vor perfektionistischen Tendenzen hüten -
- Sich die Grenzen der Belastbarkeit bewußtmachen und bewußt not-wendige Grenzen ziehen -
- Zu bitten lernen, jedoch nicht damit zu rechnen, daß Bitten immer erfüllt werden -
- Kollegialität pflegen, bei möglicher Bedrohung *miteinander* stark sein -
- Sich selbst zu verzeihen lernen, wenn sich Fehler zeigen -

[108] a.a.O., S. 139 ff.

- Abwechslung in die Arbeit bringen -
- Niemals wegen der Arbeit die Gesundheit aufs Spiel setzen -
- Neben der Arbeit auch anderen Interessen nachgehen -
- Einen „sanften" Übergang zwischen Arbeit und Feierabend schaffen (z.B. durch ein Bad, ein Nickerchen, durch Musik, dadurch, daß Sie dem Tag positive oder komische Seiten abgewinnen) -
- Auf die Gesundheit achten (genügend Schlaf, gute Ernährung, Sport treiben, sich Muße gönnen) -
- Sich Zeit für sich selbst nehmen -
- Das Leben so weit wie möglich nach den eigenen Vorstellungen gestalten -
- Falls notwendig, therapeutische Hilfe in Anspruch nehmen.

Einige Zeit vor seiner Einlieferung ins Krankenhaus hatte ein erfolgreicher Mann diesen Traum gehabt - und kaum beachtet:
Auf einer spiegelblanken Eisfläche lief er mit seinen Schlittschuhen herrliche Figuren und Bögen. Die phantastische Vorführung beendete er mit einer Pirouette. Schneller und schneller drehte er sich um seine eigene Achse - bis er zusammenbrach.

5. WIE GEWINNE ICH KONZENTRATIONSFÄHIGKEIT?

THEORIE

1. GEDANKEN UND DENKEN

„Wir sehen von unseren eigenen Gedanken nur das nächste Stück, wie die Kurzsichtigen von dem Feldweg vor ihren Augen, nicht aber, wohin er sich am jenseitigen Feldweg vor ihren Augen fortsetzt“ [109]. Das bedeutet: Wir „sehen“ nur wenig von dem, woher die Gedanken kommen und wohin sie gehen. Wir wissen wenig von dem inneren Land, in dem sie geboren werden und ebensowenig davon, was sie letztlich bewirken. Doch was wir wissen, kann bewirken, daß wir gesammelter als bisher durch unsere Tage gehen.

Gedanken sind Mächte. Sie nehmen Einfluß auf unsere Gefühle. Sie nehmen Einfluß auf unsere Entscheidungen. Sie nehmen Einfluß auf unsere Handlungen. Sie bestimmen unsere Sprache. Sie bestimmen unseren Umgang mit anderen Menschen und mit Leben überhaupt. Sie bestimmen unsere Sinnerfahrung. Sie bestimmen in erheblichem Maße das, was in der Welt geschieht. Ohne Gedanken wäre die Welt für uns nicht denkbar.
Denken ist Ausdruck der Spontaneität und Produktivität des Geistes. *Gedanken* sind die einzelnen Elemente des Denkens.

---

[109] Hugo von Hofmannsthal, Buch der Freunde, S. 53.

Die mit dem Denken verbundene primäre *Möglichkeit* besteht im *Klären und Ordnen* des Lebens. Die mit dem Denken verbundene primäre *Gefährdung* besteht darin, daß der Geist Gedanken folgt, die ihn dorthin führen, wohin er *im Grunde* nicht will.
Das Denken stellt keine eigenständige Instanz im Menschen dar. Es ist mit dem *ganzen* Menschen verbunden. Deshalb gilt: Sag mir, wer du bist, und ich will dir sagen, was und wie du denkst. Und ebenso: Sag mir, wie und was du denkst, und ich will dir sagen, wer du bist.
Gewiß, ein Verbrecher kann eine mathematische Aufgabe ebenso eindeutig lösen wie ein Heiliger (sofern es ihn gibt), ein frisch verliebtes Mädchen kann ebenso wie ihr frisch frustrierter Kollege eine Aufgabe sachlich lösen. Wann immer es jedoch um spezifisch menschliche Dinge geht, gilt, daß unsere Gedanken Ausdruck des *ganzen* Menschen sind.

Der Geist denkt immer etwas, doch er ist abhängig von dem, was ihm *vorgegeben* ist, von den Werten, die er intendiert [110]. Bezieht er sich auf lebensfördernde Gedanken, dann fördert er den ganzen Menschen. Bezieht er sich auf zerstörerische, dann stört oder zerstört er den ganzen Menschen. Wird ihm nichts oder nur Unwesentliches vorgegeben, und ist er ohne Ziel, dann strömen alle möglichen Gedanken in ihn ein, dann wird er von ihnen besetzt, dann ist er zerstreut und zerrissen. Dann ist er nicht mehr bei sich selbst, dann weiß der Mensch nicht mehr, wer er ist und was er will.

---

[110] Siehe dazu: Wer ist der Mensch, Theorie, Punkt 5 und 6.

Das heißt: *Die Qualität unseres Lebens ist abhängig von der Qualität unseres Geistes, die Qualität unseres Geistes aber ist abhängig vom Inhalt unserer Gedanken.*

2. WAS IST KONZENTRATION?

Konzentration ist „schwebende Aufmerksamkeit“ (Freud), ist „interessenbedingte Aufmerksamkeit“ (Brockhaus), ist „kritische Wachheit“ (Dürckheim), ist waches Erleben dessen, dem die Konzentration gilt.
Wer sich konzentriert, richtet seine Gedanken auf jemanden oder auf etwas, richtet seine geistigen Kräfte nach innen, um aufmerksam das wahrzunehmen, worum es hier und jetzt geht. Er sammelt sich geistig um ein Zentrum und ist darauf bedacht, sich von Störendem und Ablenkendem so weit wie möglich zu distanzieren.

3. ELF QUELLEN DER UNKONZENTRIERTHEIT - EINIGE ANSÄTZE ZU IHRER ÜBERWINDUNG

In seinem Buch „Konzentration“ hat Sam Horn [111] elf Konzentrationsblockaden dargestellt, die ich im folgenden kurz andeuten und ergänzen werde:

Blockade 1: *Ablenkung und Unterbrechung*
Der Mensch kann sich nicht konzentrieren, der sich ständig von anderen Menschen, sichtbaren Bewegungen, laufenden Bildern, Musik oder Lärm stören läßt.

[111] Sam Horn, Konzentration, Wien 1993, vgl. auch dazu: „Psychologie heute“, 2o. Jg., Heft 11, S. 20 ff.

Blockade 2: *Mangel an Übung und Erfahrung*
Der Mensch kann sich nicht konzentrieren, der Konzentration nicht geübt hat, denn sie stellt sich nicht von selbst ein.

Blockade 3: *Gewohnheitsmäßige Unaufmerksamkeit und Zerstreutheit*
Nicht wenige haben sich von Jugend an daran gewöhnt, mehrere Dinge gleichzeitig zu tun. Sie kennen die Wohltat inneren Gesammeltseins nicht. Andere sind wenig zielorientiert, so daß ihre Gedanken nirgendwo „haften". Die Folge ist, daß sie bei keinem „Ding" *bleiben* können.

Blockade 4: *Geringe Frustrationstoleranz*
Die Tendenz in unserer Zeit, Schwierigem so weit wie möglich aus dem Weg zu gehen, behindert die Entwicklung geistiger Disziplin. Doch gerade sie brauchen wir, um uns auf komplexe Zusammenhänge konzentrieren zu können.

Blockade 5: *Mangel an Interesse und Motivation*
Wenn ich mich für etwas Bestimmtes nicht interessiere, fehlt mir auch die Motivation, ihm meine Aufmerksamkeit zu schenken. Mangel an Interesse und Motivation aber sind häufig Ausdruck von Mangel an Wahrnehmung konkreten Lebens.

Blockade 6: *Aufschieben*
Je öfter ich unangenehme Aufgaben aufschiebe, desto weniger geistes-gegenwärtig bin ich. Die Aufgaben lassen sich verdrängen, nicht aber die mich immer wieder einholende Erinnerung an sie.

Blockade 7: *Unklare Handlungszwecke*
Je planloser ich in meine Tage gehe, desto weniger weiß ich, warum ich hier und jetzt dieses oder jenes tue. Wenn ich aber nicht weiß, wozu ich etwas tue, habe ich an dem, womit ich beschäftigt bin, wenig Interesse, wenig Motivation und schon gar nicht Freude.

Blockade 8: *Überlastung und Streß*[112]
Ursache für Konzentrationsmangel ist bei vielen Menschen nicht Planlosigkeit, sondern *Planfülle*. Doch wenn ich mich zu vielen Projekten zuwende, gleiche ich einem Musiker, der mehrere Instrumente gleichzeitig zu spielen versucht.

Blockade 9: *Müdigkeit und Mangel an Gesundheit*
Müdigkeit oder Mangel an Gesundheit sind gleichbedeutend mit Reduzierung der vitalen Basis. Ist aber die vitale Basis reduziert, vermindert sich auch die Kraft der Gedanken.

Blockade 10: *Ungelöste Probleme*
Ungelöste, ängstigende und bedrückende Probleme absorbieren einen Großteil der Aufmerksamkeit, sofern sie Lebens-Probleme sind und also das gesamte Lebensgefüge betreffen. Ungelöste Probleme verhindern das Sein *in* der Zeit, weil die Gedanken entweder in die Vergangenheit abgleiten oder in die Zukunft drängen. Die Konzentrationsfähigkeit kann sich erst dann (wieder) einstellen, wenn die anstehenden Probleme so weit wie möglich gelöst sind.

---

[112] Vgl. dazu den Anschnitt: Streß und seine Überwindung.

Blockade 11: *Negative Einstellung*
Wann immer ein Mensch von der Voraussetzung ausgeht, sich nur *unter bestimmten Bedingungen* konzentrieren zu können, fixiert er sich auf seine Unfähigkeit zur Konzentration und lenkt sich von dem ab, dem seine Aufmerksamkeit gelten sollte.

PRAXIS - KONKRETE HILFEN

1. BLOCKADEN FINDEN - UND ÜBERWINDEN

Die Reduzierung oder Auflösung der Konzentrationsblockaden bewirkt eine *Erhöhung* der Konzentrationsfähigkeit.

2. DIE STILLE SUCHEN

Es ist wichtig, immer wieder die *Stille* zu suchen, denn die Stille ist der „Ort", an dem sich die Blockaden am deutlichsten zeigen -, an dem ein Mensch am ehesten lernt, Wichtiges und Wesentliches zu erkennen -, an dem er am ehesten sein Zentrum findet.

3. STÖRENDE GEDANKEN ZULASSEN

Wehren Sie störende Gedanken nicht ab, sondern lassen Sie sie zunächst einmal zu, suchen Sie sie geradezu! Wenn Sie die Störenfriede zur Kenntnis genommen haben, drängen sich viele nicht mehr auf, sondern ziehen sich von selbst zurück. Alles Leben will zur Kenntnis genommen werden, auch das schwierige.

4. IN DIE MITTE SEHEN

In die Mitte sehen heißt, nach dem zu fragen, was wirklich wichtig ist, danach, worum es primär geht. Wer sich in den wechselnden Situationen seines Lebens immer wieder die Frage stellt: „Was ist das Wichtigste?" oder auch: „Ist das (was mich bedrängt) so wichtig?"; wird darüber staunen, wie differenziert sein Wertgefühl ihm darüber Auskunft gibt, was er zu tun hat und was nicht.

Wer die Mitte der Dinge sucht - in seinen Gedanken, im Gespräch, in der Betrachtung eines Bildes oder eines Buches, in einer schwierigen Lebenssituation -, erkennt deren Wesen und Sinn, wird in seinem Wert- und Sinngefühl berührt und gewinnt auch die Kraft, das jeweils Wichtige konzentriert zu tun.

- Wer seine Hände auf die *Mitte seines Körpers* legt - die Mitte ist dort, wo man sie fühlt - und zuläßt, daß die Wärme seiner Hände in den Körper einzieht, kann bemerken, wie sein körperliches Mittegefühl ein Gefühl auch für seine *innere* Mitte auslöst. Wieviel tiefer, gelassener und konzentrierter als üblich verliefen z.B. Gespräche, wenn deren Teilnehmer diesen Vorschlag praktizierten!

5. ATMEN

Atem ist der Form nach Luft, dem Inhalt nach Geist und Leben. Ist unsere Atmung gestört, dann ist unser Leben gestört. Vertieft sich die Atmung, dann vertieft sich unser

Leben. Atmen wir aus der Tiefe, dann begegnen wir unserem Ursprung. Begegnen wir unserem Ursprung, dann sind wir gesammelt. Es gibt viele gute Anregungen für gutes Atmen. Die vielleicht einfachste ist diese:

- Schauen Sie sich nur an, *wie* es in Ihnen atmet.

Tun Sie gar nichts als nur dieses eine: Schauen Sie sich an, wie es in Ihnen ausatmet, wie einen Augenblick lang der Atem gar nicht mehr dazusein scheint, wie er sich wieder zeigt und es erneut in Ihnen atmet. Ganz von selbst wird sich die Atmung vertiefen.

Lassen Sie sich täglich zehn Minuten Zeit für die Wahrnehmung dieses geist-vollen Stück Lebens.

6. EINE AMÜSANTE ÜBUNG

Eine hilfreiche und amüsante Übung, sich besser als bisher konzentrieren zu lernen, ist diese:
Ich nehme mir vor, in den nächsten 2,3,4 Stunden dort, wo ich bin, auf etwas Bestimmtes zu achten: z.B. auf ein schönes altes Gesicht, auf tiefe Stirnfalten, auf eine bestimmte Farbe, auf ungewöhnliche Türen etc. Ich lenke also den Blick bewußt auf Konkretes *hin* und *verweile* dabei. Wozu das gut ist? Um mehr als bisher *sehen* und *auf-merken* zu lernen.

7. EINE WOHLTUENDE ÜBUNG

Wer zuerst die *Fingerspitzen*, dann die *Handballen* behutsam aufeinander legt und längere Zeit liegen läßt - danach die Wärme im *Zwischenraum* beider Hände erfühlt, gewinnt den Eindruck, daß das, was in ihm *getrennt* ist, *zusammenkommt*.

8. EINE TIEF BERUHIGENDE ÜBUNG

Ein ähnlich gutes Gefühl wird der entwickeln, der beide Arme auf einem Tisch aufstützt und seine *Mittelfinger* behutsam in die *Augenhöhlen* legt. Er wird erleben, daß sich die störenden Gedanken, die zu Bildern wurden, zurückziehen, und er sich auf das einlassen kann, was ihn wirklich interessiert.

9. EINE KLEINE SYMBOLHANDLUNG

Nehmen Sie ein längeres Lineal. Schieben Sie es langsam über Ihren Tisch. Schieben Sie weg, was Sie *bedrängt*. (Das darf sehr wohl manchmal sein!) Schieben Sie es *weit* weg. Noch weiter, noch ein Stück weiter ...
Schon während des Schiebens werden Sie die befreiende Wirkung dieses kleinen, sehr menschlichen Tricks spüren.

10. DAS SCHULTERNACKENFELD ENTSPANNEN

Unkonzentrierte Menschen haben oft ein verspanntes Schulternackenfeld. Wer jedoch im Stehen oder Sitzen die Arme seitwärts nach unten *hängen*, immer ein wenig mehr *hängen* - und „die Erde" die Arme *anziehen* läßt, wird erleben, daß auf diese Weise sein Kopf klarer wird.
Bei dieser und allen anderen „Übungen" ist es wichtig, nicht gleich zu kapitulieren, wenn der Erfolg nicht gleich überwältigend ist.

11. EIN FABELHAFTER SLOGAN

Den „ganz Praktischen“ ist vielleicht ein *Slogan* recht. Ein solcher Slogan kann im Zustand relativen Entspanntseins mehrere Male pro Tag und pro „Übung“ halblaut - ja, auch still - gesprochen werden. Wichtig dabei ist, daß die Seitengedanken möglichst beiseite „gewedelt“ werden.
Der Slogan kann lauten: *„Der Gedankengang bleibt.“*

12. EINE KLEINE WERTORIENTIERTE IMAGINATION

- Ich schließe die Augen und entspanne mich auf meine Weise.
  Ich sehe mit meinen „inneren Augen“ zum inneren Horizont.
  Ich *warte* darauf, daß sich in der Mitte des Horizontes ein Kreis bildet - in „meiner“ Farbe.
  Ich sehe in die *Mitte* des Kreises.
  Ich nähere mich der Mitte und sehe nur auf sie, nur auf sie.
  Vielleicht bemerke ich nach einiger Zeit, daß die von mir erschaute *Mitte des Kreises* auch in meiner *Körpermitte* spürbar wird.
  Nach einiger Zeit nehme ich die Mitte des Kreises am Horizont noch einmal bewußt wahr - und öffne die Augen.

6. GRÜNDE FÜR EINE GELINGENDE PARTNERSCHAFT

THEORIE

Ehen, Partnerschaften werden von vielen Menschen heiß ersehnt, jedoch von vielen nicht glücklich gelebt. Das ist bekannt. Daß die zweifellos bestehende Krise in Ehe und Partnerschaft mit den Umbrüchen unserer Zeit zu tun hat, ist ebenso bekannt. Mein Anliegen ist deshalb, Hilfen zu zeigen, die zu einem glücklicheren Zusammenleben führen könnten.
Ich gehe von der *Idealvorstellung* aus, daß die *Liebe* die wesentliche Voraussetzung einer Ehe oder Partnerschaft ist, und beschreibe deshalb jene Punkte, die mir zu ihrem Erhalt und ihrer Vertiefung wichtig zu sein scheinen.

1. DAS SCHÖNSTE WORT SAGEN

Wahrscheinlich sind Herzen nie wärmer als dann, wenn einer zum anderen sagt: „Ich liebe Dich." Wahrscheinlich sind Gesichter nie schöner als dann, wenn einer dieses Wort sagt und der andere es annimmt. Wahrscheinlich fließt aus keinem Wort mehr Leben als aus diesem. Deshalb wäre es gut, wenn Partner sich dieses Wort sagten, wann immer ihnen danach ist.

2. DAS WESEN DES ANDEREN ERKENNEN

Was ist Liebe in einer Partnerschaft? Mehr als Bewunderung für Schönheit, Intelligenz oder Stärke, mehr auch als

Leidenschaft für sie oder ihn. Es kann sein, daß jemand von dieser oder jener *körperlichen* Eigenschaft des Partners sexuell *erregt* wird oder in eine bestimmte *seelische* Verhaltensweise verliebt ist - *Liebe* ist *mehr* als Sexualität und Eros. Wer an seinem Partner nur „toll“ findet, was er ′hat′, liebt noch nicht das, was er ′ist′.

Liebe ist *mehr* als ein körperlich-seelisches Gefühl. Sie kann das alles auch sein, doch reicht sie über das Affiziertwerden von attraktiven Eigenschaften und Verhaltensweisen weit hinaus. Wer liebt, liebt vor allem das *Wesen* des anderen, das, was er *ist* und das, was er sein *könnte* - und ist auch „in seiner *geistigen* Tiefe berührt“ [113].

Die Liebe ist eine *Seherin*. Sie erkennt im Partner mehr als das, was andere sehen - nicht nur das Starke, auch das Schwierige. Sie liebt den anderen *ganz*. Sie liebt ihn, weil er so ist, wie er nun einmal und wie er einmalig ist. „Liebe“, so Frankl, „ist .. das Erleben des anderen Menschen in dessen Einzigartigkeit und Einmaligkeit“ [114]. Und darum ist der Liebende für den, den er liebt, „unvertretbar und unersetzlich“ [115].

3. LIEBE MACHT „WERTSICHTIG“

Liebe erkennt nicht nur das Wesen des anderen. Sie ist auch die Bedingung der Möglichkeit, das Leben überhaupt tiefer zu erkennen. Denn sie verstärkt im Liebenden

---

[113] Viktor E. Frankl: Ärztliche Seelsorge, S. 169.
[114] a.a.O., S. 166 f.
[115] a.a.O., S. 167.

„die menschliche Resonanz für die Fülle der Werte. Sie schließt ihn auf für die Welt in deren Wertfülle .. So erfährt der Liebende in seiner Hingegebenheit an ein Du eine innere Bereicherung, die über dieses Du hinausgeht; der ganze Kosmos wird für ihn weiter und tiefer an Werthaftigkeit ...; Liebe macht wertsichtig“ [116]. Und diese Bereicherung kommt wiederum dem geliebten Menschen zugute.

4. DAS FREMDE AM ANDEREN ZULASSEN

Selbst dann, wenn sich zwei Menschen lieben und sich gut zu kennen meinen, werden sie einander nie *ganz* verstehen, denn die Seele ist weit wie das Meer. Glücklicherweise braucht das niemanden zu beunruhigen, denn: „Mit einem Menschen“, so hat es der Philosoph Arno Plack treffend gesagt, „den wir ganz verstanden haben, sind wir in gewisser Weise fertig“ [117]. Keiner kommt mit der Suche danach, wer der andere sei, jemals zu einem Ende. Doch gerade diese letzte Fremdheit des anderen „bindet“, so Plack, „das liebende Interesse“ [118].

5. DEN ANDEREN WACHSEN LASSEN

Kein Mensch bleibt so, wie er ist. Das ist das Besondere an ihm. Verändert er sich nicht, bleibt er in seiner Entwicklung stehen. Deshalb wird der, der den anderen liebt, froh darüber sein, wenn sich sein Partner so verändert, daß er mehr und mehr er selber wird.

---

[116] a.a.O., 167
[117] Arno Plack, Philosophie des Alltags, Stuttgart 1979, S. 147.
[118] ebd.

Die Zeiten der Veränderung sind allerdings häufig schwierig -, für den, der sich weiterentwickelt, mehr vielleicht noch für den, der noch nicht weiß, wie sich die Veränderung des anderen auf die Partnerschaft auswirken wird. Das aber ist das besondere Merkmal der Liebe, daß der eine den anderen wachsen *läßt*. Und zweifellos ist dieses Zulassen die größte Gewähr dafür, daß die gemeinsame Liebe nicht verlorengeht.

6. KEIN MENSCH GEHÖRT EINEM ANDEREN

Es scheint so, als seien weit mehr Beziehungen zwischen Partnern von der unseligen Tendenz bestimmt, den anderen *besitzen* zu wollen, als wir uns eingestehen mögen. In erschreckender Weise wird diese Annahme durch den Satz belegt, der nicht selten nach einer Trennung zu hören ist: „Wenn er/sie doch bloß gestorben wäre! Das hätte ich leichter ertragen als die Trennung."
Wird ein von dieser Neigung beherrschter Mensch von seinem Partner verlassen, dann ist ihm, als verlöre er einen Teil von sich. Von *sich?* Ja, denn er (miß)brauchte den anderen zur Ich-Erweiterung, Aus-Weitung und Ergänzung seines *eigenen* Persönlichkeitsraumes und zur erhofften Einswerdung mit sich selbst. *Deshalb* richtete er sie/ihn - und keineswegs immer sichtbar aggressiv - auf *sich* hin aus.
Wer die Liebe töten will, fängt an, den anderen „haben" zu wollen.

7. KEINER DARF DER SINN DES ANDEREN SEIN

Es ist riskant, einen Wert zu verabsolutieren. Wer z.B. meint, nicht ohne diese eine Aufgabe, nicht ohne diese

eine Anerkennung, nicht ohne Gesundheit, nicht ohne Haus, nicht ohne Kinder, nicht ohne diesen *einen* Menschen leben zu können, hängt sein Herz an dieses Eine und macht aus Irdischem Göttliches. Wenn ihm jedoch dieses Eine, ohne das er meint nicht leben zu können, verlorengeht, stürzt für ihn die ganze Welt zusammen. Er gerät in Verzweiflung.
Leben geht so nicht, daß wir unser Herz an etwas hängen, was sterblich ist wie wir selbst. Und deshalb gibt es für einen Menschen kaum Niederdrückenderes als dieses: für einen anderen der *Sinn* seines Lebens sein zu *müssen*, sein „Ein und Alles".
Kein Mensch hat das Recht, auch nicht einer, die Verantwortung für sein eigenes Leben einem anderen aufzuhalsen und sich an ihn zu hängen. Doch wenn das geschieht, wird die „Liebe" für den „Geliebten" zum kaum ertragbaren Joch.

8. FREUNDE SEIN

Jedes glückliche Paar weiß, wie wichtig die *Freundschaft* in einer Liebesbeziehung ist. Freunde machen einander Komplimente. Freunde erweisen einander Gefälligkeiten. Freunde sehen darauf, was dem anderen fehlt und was ihm guttäte. Freunde meinen es mit dem anderen gut. Freunde sagen einander die Wahrheit. Freunde erinnern den anderen an sein ungelebtes Leben. Freunde wollen Freunde bleiben.

9. DIE LIEBE SCHLIEßT DIE TREUE EIN

Wenn Menschen gelernt haben, einander zu lieben und zu verstehen, den anderen wachsen zu lassen und sich selbst auch -, wenn ihnen deutlich geworden ist, daß Ehe und Partnerschaft vor allem bedeutet, einander zu *fördern* - an Leib, Seele und Geist -, dann ist die von den meisten Partnern erwartete Treue kein Joch, sondern selbstverständlicher Ausdruck der Liebe. Warum? Weil einer für den anderen „unvertretbar und unersetzlich" geworden ist.

10. LIEBE GIBT ES AUCH IM ALTER

Ob die Liebe bleiben kann, auch wenn die Haut zu welken und die Bewegungen an Grazie zu verlieren beginnen? Ob sie sich auch noch zeigt, wenn die drangvollen Kräfte des Leibes sich öfter als früher zurückziehen? Ach, hinge die Liebe nur davon ab, wäre sie nie dagewesen, dann hätten die beiden nur die Oberfläche des anderen „geliebt".
Vor allem aber: der *Geist* des Menschen altert ja nicht - und deshalb nicht die Liebe mit ihren vielen „Töchtern", z.B. der Phantasie und der Anmut.
Alt gewordene Liebespaare erkennt man rasch. Man erkennt sie daran, daß sie im Umgang miteinander noch immer *aufmerksam* sind. Sie werfen sich vertraute Blicke zu, oft ohne erkennbaren Grund. Noch immer finden sich ihre Hände. Und manchmal scheint es so, als zöge sich ein warmer, leuchtender Kreis um beide herum, auch wenn sie sich äußerlich nicht nahe sind.
Gewiß, ihre Liebe ist leiser geworden, ihr Feuer lodert nicht mehr himmelwärts. Und doch spürt man die Dichte ihrer Gefühle, weniger an der Oberfläche, dafür mehr in der Tiefe. In der Tiefe!
Vielleicht ist der letzte große Prüfstein der Liebe der Tod des geliebten Menschen. Trotz anfänglicher Erschütterung und Trauer wird der, der zurückbleibt, letztlich nicht verzweifeln -, wenn er wieder zu fühlen beginnt, wie reich

sein Leben mit dem anderen war. Und bliebe die Verzweiflung, dann wäre - vielleicht - die Liebe nicht reif geworden, weil eine ihrer kostbarsten Früchte nicht reif geworden wäre: die *Dankbarkeit*, die die Frucht der Besinnung ist auf gut gelebtes, sinnerfülltes Leben.

PRAXIS

Neben den schon angedeuteten Hilfen zur Erhaltung und Vertiefung der Liebe gibt es der Erfahrung nach noch andere, die wichtig und wesentlich sind:

1. BESSERES VERSTEHEN IST MÖGLICH

In vielen Beratungen zeigt sich, daß die meisten Partner sich vor allem eines wünschen: den anderen verstehen zu können und selbst verstanden zu werden -, z.B. die Stimmungen und die Verstimmungen, die Wünsche nach Nähe und die nach Distanz, die Überzeugungen und die Weigerungen, sich überzeugen zu lassen, die seltsam anmutenden Verhaltensweisen und Handlungen, die Motive und Ziele des Lebens.
In solchen Gesprächen zeigt sich häufig, daß viele Probleme durch Unkenntnis des Typus [119] ausgelöst werden, des eigenen ebenso wie den des anderen. Drei Beispiele:

- Nehmen wir an, daß ein Mann dem *Beobachter*-Typus angehört und die Frau dem des *Loyalen*. Dann liegt *ihm* z.B. daran, sich manchmal

[119] Siehe dazu: Wer ist der Mensch? Theorie, Punkt 2.

zurückziehen und Dinge allein machen zu wollen, während *ihr* wichtig ist, möglichst viel mit ihm gemeinsam reden, tun und unternehmen zu können.

- Nehmen wir an, daß eine Frau dem Typus des *Ursprünglichen* angehört und der Mann dem des *Reformers*. Dann wird *sie* mit seinen immer wieder aufbrechenden Aggressionen (die rasch wieder abklingen können) große Mühe haben, *er* wiederum wird nicht verstehen können, warum sie wegen seiner Ausbrüche so lange trauert.

- Nehmen wir an, daß sie dem *Glückssucher*-Typus angehört ist und er dem des *Romantikers*. Dann wird *sie* kaum verstehen können, wenn er, z.B. auf einem Fest, ganz melancholisch wird, *er* dagegen wird es höchst befremdlich finden, wenn sie ihn ungestüm auf die Tanzfläche zu zerren beginnt.

Wenn Partner nicht wissen, von welchen typischen Grundstrebungen sie geleitet werden, kann es zu einer Kette von Mißverständnissen, Enttäuschungen und wechselseitigen Vorwürfen kommen. Wenn sie dagegen Einblick in diese Abläufe gewinnen, kann die Andersartigkeit des anderen sogar als Bereicherung erlebt werden. Und sollten beide den selben Typus haben und darüber Bescheid wissen, werden sie sich in problematischen Situationen rascher durch-schauen und vielleicht mit Humor reagieren können.

2. SICH AN DIE EIGENE BRUST KLOPFEN

Wenn Menschen sich lieben und beieinander bleiben wollen, dann gibt es für sie keine größere Hilfe als die, die der weise Martin Buber beschrieben hat. Ich nenne sie den Schlüssel zum Glück:

„Der Ursprung alles Konflikts zwischen mir und meinen Mitmenschen ist, daß ich nicht sage, was ich meine, und daß ich nicht tue, was ich sage. Denn dadurch verwirrt und vergiftet sich immer mehr die Situation zwischen mir und dem anderen, und ich in meiner inneren Zerfallenheit bin gar nicht mehr fähig, sie zu meistern, sondern entgegen all meinen Illusionen bin ich ihr willenloser Sklave geworden. Mit unserem Widerspruch, mit unserer Lüge päppeln wir die Konfliktsituationen auf und geben ihnen Macht über uns, bis sie uns versklaven. Von hier aus führt kein anderer Ausgang als durch die *Erkenntnis* der Wende: Alles hängt an mir, und durch den *Willen* der Wende: Ich will mich zurechtschaffen“ [120]

Wie kann das gehen? Noch einmal Buber:
„Es kommt einzig darauf an, bei sich zu beginnen, und in diesem Augenblick habe ich mich um nichts anderes in der Welt als um diesen Beginn zu kümmern. Jede andere Stellungnahme lenkt mich von meinem Beginnen ab, schwächt meine Initiative dazu, vereitelt das ganze kühne und gewaltige Unternehmen“ [121].
Ob das schwer ist oder leicht?

---

[120] Martin Buber, Der Weg des Menschen nach der chassidischen Lehre, Heidelberg 1986, 9. Aufl., S. 34.
[121] a.a.O., S. 32 f.

Das hängt vor allem davon ab, wie ernst Sie es mit Ihrer Partnerschaft meinen.
Es gibt auch konkrete Hilfen:

Manches Schweigen in der Beziehung, manche innere Abkehr, manche Flucht oder Trennung kommen daher, daß der eine oder auch beide versäumten, zuerst *mit sich selbst* und *dann* mit dem anderen zu sprechen. Worüber?

Fragen Sie sich, was Sie sich *ungern* eingestehen. Was das sein kann?
Fragen Sie sich z.B., ob Sie die alte Liebe *aus-getrauert* haben? Manchmal nämlich sieht der eine den anderen nicht wirklich, weil ein altes Bild - mit viel Duft der Jugendzeit - den Blick für die gegenwärtige Liebe verstellt. - Vielleicht haben Sie das Gefühl, daß Ihr Partner mit Ihnen rivialisiert, das Sie ihr/ihm unterlegen sind, daß Sie sie/ihn nicht mehr wie früher begehren, daß Sie sie/ihn vernachlässigen, daß Sie vor allem Ihre Vorteile suchen, daß Sie etwas stört, was Sie ihr/ihm nicht sagen mögen, daß Sie Wichtiges an ihr/ihm vermissen etc.
Und sollten Sie meinen, über all diese Dinge mir ihr/ ihm nicht sprechen zu können, dann fragen Sie sich auch, ob Sie die Partnerschaft gefährden könnten, wenn diese wichtigen Dinge *ungesagt* blieben.

3. SO WEIT WIE MÖGLICH AUF VORWÜRFE VERZICHTEN

Von vielen Paaren, die unglücklich sind, erfahren wir, daß sie sich mit Vorwürfen, Vorhaltungen und beißender Kritik traktieren. Daraus entsteht verständlicherweise Groll,

Bitterkeit, vielleicht auch Resignation. Und wenn man bedenkt, daß viele Menschen nicht gerade mit Selbstvertrauen gesegnet sind, wird klar, warum aufgrund solcher Verhaltensweisen viele scheitern. (Merkwürdig nur ist, daß dieselben Menschen, die ihren Partner häufig mit Kritik traktieren, sich Fremden gegenüber liebenswert und zuvorkommend verhalten).
Wer die Liebe erhalten will, wird gut daran tun, sein Vorwurfsverhalten gründlich zu überprüfen. Darf ich Goethe zitieren? „Wenn wir die Menschen so nehmen, wie sie sind, dann machen wir sie schlechter; wenn wir sie aber so nehmen, wie sie sein sollen, dann machen wir sie zu dem, was sie sein können"[122].

4. NICHT ZU HOHE ANSPRÜCHE AN DIE LIEBE STELLEN

Viele, die die Liebe gefunden haben, sehen in ihr die *einzige* Hauptsache im Leben. Das ist verständlich und trotzdem problematisch.
Es ist z.B. eine Illusion zu meinen, die Liebe müsse *immer* fühlbar sein. Es gibt Zeiten, in denen sie verdeckt ist, von Schwierigkeiten, die von außen und/oder von inneren kommen. Denn auch die Liebe wird in *dieser* Welt gelebt und ist daher unvollkommen wie alles andere auch.

Eine andere Gefahr: Jeder Mensch wird allein geboren, jeder stirbt allein, und darum ist auch jeder dazu herausgefordert, selb-ständig leben zu können. Wer aber in der Liebe zum Partner die *einzige* Hauptsache im Leben sieht, lebt ein-seitig, nicht vielseitig, verarmt auf Dauer.

---

[122] Zitiert von Frankl in: Ärztliche Seelsorge, S. 132.

Wer die Liebe zur alleinigen Hauptsache macht, wird für den Partner auch nicht der anziehende Gegenpol bleiben, der er vielleicht einmal war.
Wenn aus Partnerschaft Symbiose wird, verlieren beide ihr eigenes Profil und damit die wesentliche Bedingung für die Weiterentwicklung der Liebe.

5. KLEINE HILFEN MIT GROßEN WIRKUNGEN

- Es ist wichtig, viel Zeit miteinander zu verbringen - , *viel* miteinander zu sprechen, ja!-, aber auch manches miteinander zu unternehmen. Denn gemeinsam *neue* Eindrücke und *neue* Bilder zu sammeln, erfrischt nicht nur das eigene Gemüt, sondern *erweitert* auch die Gesprächsmöglichkeiten.

- Einander oft in die Augen sehen -, weil die Augen die *Brücke* sind zwischen der einen und der anderen Seele. Wenn Menschen einander ansehen, schenken sie sich An-Sehen. Wenn sie sich in die Augen schauen, erkennen sie leichter die innere Landschaft des anderen, vielleicht auch das, was sie lange nicht mehr sahen. Wenn Menschen, die zusammenleben, einander wenig ansehen - wie sollten sie sich dann *erkennen*?

- Sich manchmal berühren -, denn das innere Berührtsein bedarf auch des äußeren Berührtwerdens. Wenn beide sich die Hände reichen, entsteht wieder eine *Brücke* zwischen ihr und ihm.

- Auch jede Form von *Kultur* ist eine kleine Liebeserklärung an den anderen. Wer sich z.B. pflegt - den Körper, die Kleidung, die Sprache - trägt viel dazu bei, daß der andere sich wohlfühlt. Dazu gehören auch Aufmerksamkeiten - vom Blumenstrauß bis zum Erinnerungszettel -, die das Miteinander freundlich gestalten.

- Es gibt Themen, die für den anderen so reizvoll nicht mehr sind, gerade darum aber reiz-voll *werden* können: Themen aus dem Beruf, dem Verein oder ... Solche „*Lieblingsthemen*" können den anderen auf Dauer ermüden, wenn nicht zermürben -, und können eine schleichende Entfremdung zur Folge haben.

- Wenn es zum Streit kommt, ist es wichtig, *konstruktiv* zu streiten. *Destruktives* Streiten wäre z.B.: Nicht hinzuhören auf das, was sie/er sagt, sich nicht in sie/ihn einzufühlen, sie/ihn nicht zu *fragen*, sie/ihn nicht zu Wort kommen zu lassen, den eigenen Standpunkt zu vermauern, sich permanent zu rechtfertigen, den anderen anzugreifen, ihm Schuldgefühle zu injizieren. *Konstruktives* Streiten, das wäre das Gegenteil von alledem.

Wenn jedoch ein Streit für längere Zeit unvermeidlich zu sein scheint, dann wäre es wichtig, sich wieder an die Tage zu erinnern, die hell waren. Denn wer sich erinnert, holt das nach innen Versunkene in den Raum der Gegenwart zurück, erfährt, daß die verinnerlichten Bilder lebendig geblieben sind und wird aufs Neue von ihnen berührt. Jede Vergegenwärtigung erlebten Glücks ist eine Erinnerung an erfahrene und - vielleicht - neu belebbare Möglichkeiten [123].

- Es ist so wichtig, viel miteinander zu lachen. Worüber Sie lachen könnten? Finden Sie es etwa nicht komisch, wenn *Sie* sich - immer an derselben Stelle - über sie/ihn aufregen oder sich ärgern? Amüsiert es Sie nicht manchmal, daß auch *Ihr Partner* - immer an derselben Stelle - in seine höchstpersönliche Falle tappt und *Sie* dafür verantwortlich macht?

Wir lachen auf, wenn uns etwas auf-geht, und auf-gehen wird uns vieles, wenn wir uns so wenig wie möglich verschließen. Wenn wir *offen* bleiben, kommt (wieder) zum Vorschein, wonach wir uns am meisten sehnen: die Liebe.

---

[123] Zum Thema Trennung siehe mein Buch: Und jetzt bin ich wieder allein, Hoffnungen und Chancen nach der Trennung, Stuttgart 1998.

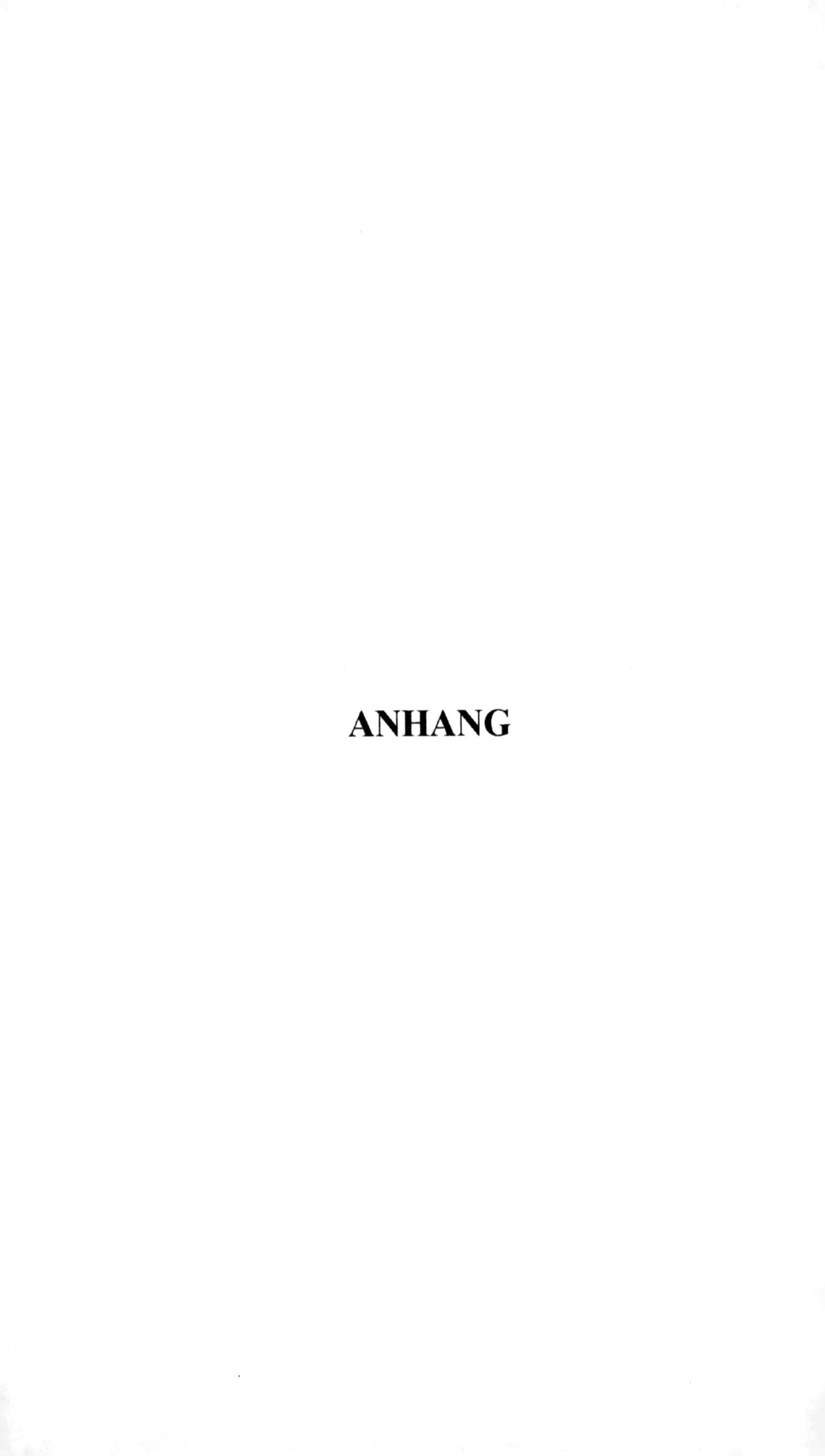

ANHANG

DER THERAPEUT DER HOFFNUNG [124]

EIN DANK AN VIKTOR E. FRANKL

Ich soll von persönlichen und wissenschaftlich therapeutischen Anregungen aus der Begegnung mit Viktor Frankl berichten. Nun, ich bin ihm am 13. Juni1971 zum ersten Mal in Wien begegnet. Wir waren morgens um 10.00 Uhr verabredet und verabschiedeten uns um 22.00 Uhr. Ich war auf ein einstündiges Gespräch eingestellt, der Professor offensichtlich auch, denn er wies mich frühzeitig darauf hin, daß er an diesem Tage noch ein Vorwort für die amerikanische Ausgabe eines Buches zu schreiben hätte. Warum warf er mich nicht nach spätestens zwei Stunden hinaus? Er tat's nicht, weil der junge Mann aus Hamburg ihm tausend und mehr Fragen stellte und auf diese Weise zu erkennen gab, wie wenig er über die Logotherapie und Existenzanalyse wußte, obwohl er darüber eine wissenschaftliche Arbeit zu schreiben sich erdreistete.
Dieser Tag hat in erstaunlicher Weise auf mein späteres Leben Einfluß genommen, nicht nur wegen der vielen wissenschaftlich-therapeutischen Anregungen, die ich erhielt, sondern auch auf mich persönlich.

Mein Gastgeber vermittelte mir schon bald das Gefühl, daß es für ihn an diesem Tage nichts Wichtigeres gab als mich und meine Fragen. So wurde ich sogleich existentiell in das eingeführt, was Frankl „personale Begegnung"

[124] Dieser Artikel, der zusammenfassend die Grundlagen meiner Arbeit widerspiegelt, erschien in einem Sonderheft der Zeitschrift der Deutschen Gesellschaft für Logotherapie und Existenzanalyse e.V. - Anlaß war der 90. Geburtstag von Universitätsprofessor Dr. med. Dr. phil. Drs. h.c. mult. Viktor Emil Frankl.

nannte. Er war mir zugewandt, aufmerksam, liebevoll. Er hörte in meine Fragen hinein und gab mir ausreichend Antwort. Manchmal schien er sogar die Fragen, die noch hinter meiner Stimfalte steckten, zu erahnen. Auf konkrete Weise erlebte ich auch das vielleicht wichtigste Element der personalen Begegnung: „Wenn wir die Menschen so nehmen, wie sie sind " , zitiert er Goethe, „dann machen wir sie schlechter; wenn wir sie aber so nehmen, wie sie sein sollen, dann machen wir sie zu dem, was sie sein können" [125]. Kurzum: Ich war gemeint in diesem Gespräch, und deshalb fühlte ich mich, trotz aller Bewunderung für den berühmten Mann, als ernstgenommenen Partner.

Ich hätte mir auch keine bessere Einführung in einen wesentlichen Aspekt seines Sinnverständnisses [126] wünschen können: Sinn wird gefunden angesichts der „Forderung der Stunde, die an mich ergeht", hier und jetzt und in der Tat - und deshalb vergaß Frankl an diesem Tage Amerika.

Dann die Leidenschaft für die Sache, die ich bei dieser ersten Begegnung und dann immer wieder erlebte und die mich tief beeindruckte, vielleicht auch ein wenig prägte. Erst viel später ging mir auf, daß in dieser Leidenschaft ein wesentlicher Grund dafür liegt, daß Frankl sich in Wort und Schrift manchmal wiederholt. (Nicht wenige seiner Hörer und Leser haben sich darüber gewundert, vielleicht auch geärgert). Wer ihn jedoch näher kennt, weiß, daß er ein durch und durch geistesgegenwärtiger

---

[125] Zitiert von Frankl in: Ärztliche Seelsorge, S. 132.
[126] Siehe zum Franklschen Sinnverständnis z.B. Ärztliche Seelsorge, S. 56 ff.

Mensch ist und sich deshalb nur selten „routiniert" äußert. Formal mag er sich wiederholen, inhaltlich aber denkt er sich immer wieder neu an die Phänomene heran, in sie hinein und *vertieft* seine Gedanken und Einsichten. Dabei findet er manchmal Worte von gestern, weil sie sich ihm als sachentsprechend erweisen, und manchmal findet er neue, die Ausdruck sind seiner erweiterten Sicht der Dinge. Wer so denkt, fühlt und handelt, gehört zu den wenigen, die ahnen, wie tief die Häuser der Wahrheit liegen.

Bei jenem ersten Besuch in Wien begann ich auch Frankls Grund-Satz von der Einzigartigkeit und Einmaligkeit der Person zu begreifen. Ich begann zu verstehen, daß sein ganzes Lebenswerk eine konsequente Aus-Führung dieses Credos ist. Viele Aufzeichnungen nahm ich mit nach Hause, vor allem aber die gelebten Gedanken des großen alten Mannes.

Im folgenden greife ich weitere, mir besonders wichtig erscheinende persönliche und wissenschaftlich-therapeutische Anregungen heraus und fasse sie in zehn Punkten zusammen:

1. Dem Schuldverschiebespiel, das manche erwachsene Kinder mit ihren Eltern treiben, hält Frankl entgegen: „Die Eltern geben bei der Zeugung eines Kindes die Chromosomen her - aber sie hauchen nicht den Geist ein ... Durch die überkommenen ... Chromosomen wird ein Mensch nur darin bestimmt, was er „ hat", aber nicht darin, was er „ ist ..." [127]. Demnach sind Eltern zwar die Ursache, nicht aber der Grund menschlichen Daseins, und

[127] Viktor E. Frankl, Der unbedingte Mensch, in: Grundlagen der Psychotherapie, Bern/Stuttgart/Wien 1975, S. 164

also ist deren Verantwortung für ihre erwachsenen Kinder auch keine grundlegende, sondern nur eine partielle. Deshalb spricht Frankl vor allem das *Freie* im Menschen an, nicht das Gebundene, das Unbedingte, nicht das ihn Bedingende, das Potentielle, nicht das Defizitäre. Mag sein, daß er im Zuge seiner leidenschaftlichen Psychologismus-Kritik die Bedingtheiten menschlichen Gewordenseins zu wenig berücksichtigt hat -, seine Konzentration jedenfalls gilt *dem* inneren Bereich des Menschen, aus dem heraus allein das neue Leben wachsen kann: dem der Verantwortlichkeit. Menschsein ist für Frankl *Herausforderung* zur Menschwerdung. Ich habe mir diesen Ansatz gemerkt.

2. Kann es sein, daß Frankl, dieser Liebhaber der Freiheit, den Durchschnittsmenschen überfordert? Übersieht er nicht leichtfertig die „Ich-Schwäche" vor allem der Menschen dieser Generation?
Wer weiß, was Werte sind, wird diese Frage weithin verneinen. Wenn (!) ein Klient sich eindenkt, einfühlt, einlebt in jene Werte, die ihm persönlich entsprechen, wird er die Erfahrung machen, daß das Ich möglicherweise schwach, die von ihm erlebten Werte dagegen so attraktiv (attrahere = anziehen) sein können, daß sie ihn herauszuziehen vermögen aus dem Dunstkreis seiner negativen Erfahrungen mit sich selbst. Diese höchst befreiende Erkenntnis, die das gesamte Franklsche Werk durchzieht und dominiert, hat auch sein inzwischen ergrauter Schüler in vielen Praxisjahren erfahren.
Worauf sehe ich *primär?* Auf das Vergangene oder das Gegenwärtige, auf das Bedrängende oder das Befreiende, auf die Werte oder deren vermeintliche Barrieren, auf das faktische Nein oder das fakultative Ja zum Leben? Wer *anders* fühlen und handeln will, braucht eine lebendige

Vision von seinem „anderen" Leben. Das kann nicht anders sein, denn der menschliche Geist ist nur in dem Maße zu Veränderungen motiviert, in dem er auf lebendige Ziele ausgerichtet ist. Das Wesen des Geistes ist intentional.

3. Die Befreiung von quälender Egomanie, die Befreiung zum Werterleben und damit zur Sinnerfahrung - diese Befreiung, um die Frankl ein Leben lang in Theorie und Praxis gerungen hat, schließt den eigenen Weg nicht aus (wie noch immer manche meinen), sondern - selbstverständlich! - gerade ein. Wer die auf ihn persönlich „zugeschnittenen" Werte lebt und dadurch ur-eigenen Sinn erfährt, verwirklicht sich selbst, indem er die ihm entsprechenden Lebensaufgaben übernimmt und die Wege geht, die seine eigene sapientia cordis für ihn vorgesehen hat.
An diesem Punkt hat mich mein Lehrer Frankl am tiefsten beeinflußt, wohl nicht immer zu seinem Vergnügen. Im „Hamburger Institut für Existenzanalyse und Logotherapie“ haben wir von Beginn an mit Fleiß und großer Treue Frankls Werk studiert und uns anzueignen versucht. Gerade aber seine Herausforderung zu persönlicher Wert- und Sinnerfahrung hat uns dazu ermutigt, den Wiener Juwelenschatz zwar pfleglich zu tradieren, darüber hinaus aber auch den eigenen Gedanken und Erfahrungen zu folgen und den vorgegebenen Reichtum durch andere Kostbarkeiten zu er-gänzen. Bei diesem langjährigen Unternehmen war und ist uns jedoch wichtig geblieben, alle neuen und eigenen Funde vom Logos selbst prüfen zu lassen. Das bisherige Ergebnis zeigt, daß wir uns nicht von den Wiener Grundlagen entfernt haben, im Gegenteil: Wir wissen mehr denn je deren fundamentale Bedeutung für den homo patiens zu schätzen, ja, wir sind sogar da-

von überzeugt, daß die Logotherapie im kommenden Jahrhundert im öffentlichen Leben eine weitaus stärkere Rolle als bisher spielen wird.

4. Zu den wichtigsten Neuerungen des Hamburger Instituts gehört die „wertorientierte Imagination", die auf der Franklschen Unterscheidung zwischen „triebhaft Unbewußtem“ und „geistig Unbewußtem“ basiert und darauf, daß die *Quelle* des bewußten Geistes das „geistig Unbewußte“ ist [128].
Ich habe die tiefe Wahrheit dieser Aussage von Anfang an geglaubt, ihre tiefe *therapeutische* Bedeutung jedoch erst durch das Miterleben mehrerer tausend wertorientierter Imaginationen erfahren. A. Rosenberg, einer der großen Symbolkenner, sagt in „ Ursymbole und ihre Wandlung": „Zu arm ist die menschliche Sprache, um die Fülle der Ahnungen, welche der Wechsel zwischen Leben und Tod wachruft, zu kleiden. Nur das Symbo*l* und der sich ihm anschließende Mythos können diesen Bedürfnissen genügen. Das Symbol erweckt Ahnungen, die Sprache kann nur erklären. Das Symbol schlägt *alle* Saiten des menschlichen Geistes zugleich an, die Sprache ist genötigt, sich immer nur einem einzigen Gedanken hinzugeben. Bis in die tiefsten Geheimnisse der Seele treibt das Symbol seine Wurzel, die Sprache hingegen berührt wie ein leichter Windhauch die Oberfläche des Verständnisses" [129].

---

[128] Siehe dazu Viktor E. Frankl: Theorie und Therapie der Neurosen, München/Basel 1993, 7. Aufl., S. 174.
[129] Alfons Rosenberg, Ursymbole und ihre Wandlung, Einführung in das Symbolverständnis, Freiburg i.B., 1992, S. 21 f.

In besonderer und besonders ergreifender Weise bestätigen die wertorientierten Imaginationen auch die Franklsche These vom „unbewußten Gott" [130]: daß Gott von *jedem* Menschen immer schon intendiert sei, daß jeder Mensch eine, wenn auch noch so unbewußte, intentionale Beziehung zum Göttlichen habe. Sie bestätigen auch, daß die im unbewußt Geistigen wurzelnde Religiosität alles andere als ein Luxussujet anthropologischer Reflexion ist, sondern die Bedingung der Möglichkeit „tieferer" Sinnerfahrung [131].

5. Zur Philosophie trieb den Psychiater und Neurologen Frankl nicht intellektuelle Spiellust, sondern die Erfahrung des Ungenügens der bisherigen für die Psychotherapie bereitgestellten Kategorien und des daraus abgeleiteten Instrumentariums. Und weil es ihm um die Erweiterung seiner Einsicht in das Wesen des Menschen ging, sprengte er den biologisch-psychologischen Rahmen des ihm überkommmenen Menschenbildes und drang zur philosophischen Anthropologie vor. Damit waren die erkenntnistheoretischen Schwierigkeiten, denen Frankl sich ausgesetzt sah, programmiert:
Eine solche Anthropologie muß die Spannung zwischen Empirie und Ontologie aushalten, und sie wird immer der Kritik ausgesetzt sein: entweder seitens derer, die die Mehrdimensionalität anthropologischer Aussagen zu vermeiden versuchen mit der wissenschaftstheoretischen Begründung, anthropologische Aussagen seien *entweder*

---

[130] Siehe: Viktor E. Frankl: Der unbewußte Gott. Psychotherapie und Religion, München 1992, 7. Aufl.
[131] Siehe dazu den Abschnitt: Merkmale der Reife, Praxis, Punkt 12.

empirisch *oder* ontologisch zu formulieren - oder seitens derer, die die Spannung dadurch reduzieren wollen, daß sie mehr dem Empirischen oder mehr dem Ontologischen zuneigen. Besondere heftige Kritik aber wird sich der zuziehen, der, wie Frankl, *um des Menschen willen* die Erkenntnis des Menschenmöglichen sowohl nach der einen als auch nach der anderen Seite auszuschöpfen versucht und sie deshalb vielleicht auch einmal überschreitet.
Meine eigenen Bemühungen, mehr als bisher vom Menschen zu erfahren, wurden von Frankls Mut, einen solch extrem weit ausgespannten Forschungsrahmen auszuhalten, außerordentlich gefördert. Er lockte mich dazu heraus, traditionelle Denkmuster in Frage zu stellen, selbstverständlich auch die, die mich persönlich zunächst geprägt hatten - und nach neuen Ausschau zu halten. Darüber wäre viel zu sagen.

6. Mein Meister hat mir für meinen beruflichen Weg noch mehr gegeben als die Voraussetzung, mit Menschen logotherapeutisch arbeiten zu können. Ich habe auch von ihm gelernt, die Wirklichkeit kritischer als bisher sehen zu können.
Richtungsweisend dafür wurde mir seine Biologismus-, Psychologismus- und Soziologismuskritik und deren Kern: die Kritik an deren reduktionistischem Menschenbild. Für ihn ist Reduktionismus „gelehrter Nihilismus", der den „ gelebten Nihilismus" im Gefolge hat und daher die Ursache für das Sinnlosigkeitsgefühl unserer Zeit darstellt.
Diese für Therapeuten nicht gerade selbstverständliche Ausweitung des Denkens über die stille therapeutische Kammer hinaus mit der damit verbundenen Möglichkeit, auch prophylaktisch auf Menschen Einfluß zu nehmen, ist

für mich ein wesentlicher Anlaß zur eigenen Auseinandersetzung mit den Problemen dieser Zeit geworden.

7. Kehren wir in den engeren therapeutischen Rahmen zurück. Fragte mich jemand, ob ich mit einem einzigen logotherapeutischen Begriff Viktor Frankl und seinen Einfluß auf mich beschreiben könne, würde ich den der „Trotzmacht des Geistes" nennen. Dieses altertümliche Wort aus seinen frühen Schriften hat einen brisanten Inhalt. Gemeint ist damit die in *jedem* Menschen vorhandene, doch oft vergessene Grundfähigkeit, sich von bedrängenden Emotionen distanzieren und sich befreienden Gefühlen zuwenden zu können, selbst dann, wenn letztlich nicht bekannt ist, woher die störenden Einflüsse kommen.

Die „Trotzmacht des Geistes" [132] - das ist die gesammelte, unverbrauchte geistige Kraft, die einen Menschen dazu befähigt, sich nicht nur gehen, sondern auch *stehen* zu lassen. Sie ist ein *Aufbegehren* gegen ein Leben, das seiner nicht würdig ist. Sie verschafft ihm die Erfahrung, daß er *größer* sein kann als das, was ihn kleinzumachen droht. „Trotzmacht des Geistes" - der Inhalt dieses Wortes evoziert Hoffnung, Hoffnung darauf, daß Leben „immer auch anders" sein kann, jedenfalls dann, wenn ein Mensch „sich von sich selbst nicht alles gefallen läßt" (Frankl) und sich auf jene Werte besinnt, die darauf warten, von ihm ausgelebt zu werden. „ Trotzmacht des Geistes" - mit diesem Wort ist die Logotherapie Frankls zur *Therapie der Hoffnung* geworden.

[132] Siehe dazu Viktor E. Frankl, Ärztliche Seelsorge, S. 124 ff.

8. Zu den besonderen Juwelen der Logotherapie gehört zweifellos Frankls Erkenntnis, daß menschliches Leben nicht nur Wunsch-, sondern auch und vor allem „ Aufgabencharakter" habe. So sagt er: „*Das Leben selbst ist es, das dem Menschen Fragen stellt*. Er hat nicht zu fragen, er ist vielmehr der vom Leben Befragte, der *dem Leben zu antworten* ... hat " [133].

Ist dieser Satz nicht eine Zumutung? Ja, er *ist* eine Zumutung. Er mutet Menschen zu, auch in ungewollten, schweren und schwersten Zeiten persönliche Werte zu suchen und finden zu können. Bei unserem ersten Gespräch in Wien sagte Frankl mir einen Satz, den ich kaum zu glauben wagte. Später, in meiner eigenen logotherapeutischen Arbeit, habe ich seinen tiefen Wahrheitsgehalt erfahren.

Selbstverwirklichung, sagte er damals im Juni 1971 mit Blick auf den schwer leidenden Menschen, vollziehe sich dadurch, „daß ich das Tiefste aus mir herausbringe, indem ich... im Leiden Zeugenschaft ablege davon, was der Mensch sein kann - im Äußersten, in der Grenzsituation. Das ist Selbstverwirklichung, das was ich Einstellungswerte genannt habe, - das Sinnfinden und Sinnerfüllen noch im Leiden, im hoffnungslosen, aussichtslosen Leiden... Denn da werde ich erst ich selbst, da bringe ich das Beste aus mir heraus. Dann zeigt sich: Ich bin noch im Leiden ich selbst gewesen, ich selbst geworden..."

9. Ich vermute, daß eine liebenswerte Seite Viktor Frankls wenig bekannt ist, obwohl sie auch in seiner Literatur zum Vorschein kommt. Ich meine seinen Humor. Humor ist Sache der inneren Freiheit, des inneren Abstandes zu sich

[133] Viktor E. Frankl, Ärztliche Seelsorge, S. 96.

selbst und anderem Leben, ist helle, warme Heiterkeit des Herzens, die viel Erfahrung hat mit Leben und ganz viel davon weiß, daß Leben möglich ist - so oder so.
Sehr humorvoll habe ich Frankl an einem Abend in Wien erlebt. Nachdem ich meine Prüfung bei ihm glücklich überstanden hatte, lud er mich zum Essen ein. Da kam ihm eine Idee. Er wollte unbedingt ein Restaurant finden, in dem er, soweit ich mich erinnere, Jahrzehnte lang nicht mehr gewesen war. Und da er sich zunächst nicht mehr erinnerte, wo es lag, suchten wir es - und wir suchten es lange. Meine Bemühungen, ihn davon zu überzeugen, daß Wien so arm an guten Restaurants nicht sei und wir daher die Suche aufgeben sollten, scheiterten kläglich. Kläglich jedoch war keinesfalls unsere Stimmung, im Gegenteil: Selten habe ich eine solch heitere Suchaktion erlebt wie an jenem Sommerabend im Juli 1975. Ob er das Lokal fand? Aber gewiß. Er hatte es ja intendiert. Ich denke noch oft an diesen Abend.

10. Was ich von Viktor Frankl gelernt habe, für mich persönlich und für meine Arbeit mit Menschen, will ich so zusammenfassen:

Leben abzulehnen, ist leicht. Resignation ist vor-zeitige Beendigung der Suche nach Hoffnung, nach Sinn, nach neuem Leben, ist kraftlos-trotzige Abwehr und Verweigerung der weiteren Suche nach Gründen für Leben. Wer resigniert, gibt auf: sich selbst, andere, die Welt. Er gibt das Beste auf, was er hat: die Hoffnung auf Voll-endung des Lebens.
Leben, so wie es ist, anzunehmen und das Beste daraus zu machen, ist schwer und leicht zugleich. Doch die Leichtigkeit nimmt im Lauf der Zeit zu -, und das in dem Maße,

in dem ich immer tiefer begreife, was nur bläßlichem Denken widersprüchlich erscheint: daß ich und niemand sonst in dieser Welt dafür verantwortlich bin, wie mein Leben verläuft - daß aber auch das große Leben selbst mich dorthin führen kann, wovon mein Geist seit langem träumt.

AUSWAHL AUS DER LITERATUR VON UWE BÖSCHEMEYER

I. BÜCHER

- Die Sinnfrage in Psychotherapie und Theologie. Die Existenzanalyse und Logotherapie Viktor E. Frankls aus theologischer Sicht, Berlin/New York 1977 (vergriffen)
- Mut zum Neubeginn. Logotherapeutische Beratung in Lebenskrisen, Freiburg i.B./Basel/Wien 1988 (vergriffen)
- Vom Typ zum Original. Die neun Gesichter der Seele und das eigene Gesicht. Ein Praxisbuch zum Enneagramm, Lahr 1994
- Zu den Quellen des Lebens. Meditationen für den neuen Tag, Lahr 1995
- Neu beginnen! Konkrete Hilfen in Wende- und Krisenzeiten, Lahr 1996
- Und jetzt bin ich wieder allein. Hoffnungen und Chancen nach der Trennung, Stuttgart 1998
- Herausforderung zum Leben. Lebenskrisen und ihre Überwindung, Hamburg 1999, 2. Aufl.
  (nur noch im Hamburger Institut und bei Libri, Hamburg, erhältlich)
- Dein Unbewußtes weiß mehr als du denkst. Wertorientierte Imagination als Weg zum Sinn,
  Hamburg 1999, 2. Aufl.
  (nur noch im Hamburger Institut und bei Libri, Hamburg, erhältlich)

- Das Leben meint mich. Meditationen für den neuen Tag, Hamburg 1999, 4. Aufl.
  (nur noch im Hamburger Institut und bei Libri, Hamburg, erhältlich)

II. KLEINBUCH-REIHE

- Gespräche der Liebe, Lahr 1994
- Gespräche der Freude, Lahr 1994
- Gespräche der Geborgenheit, Lahr 1994
- Gespräche des Mutes, Lahr 1995
- Gespräche des Vertrauens, Lahr 1995
  (Diese Texte Reihe sind nur noch
  im Hamburger Institut erhältlich.)

- Der Weg aus der Abhängigkeit, Lahr 1993
- Sprache der Träume, Lahr 1994, 2. Auflage 1998
- 30 Tage dem Leben vertrauen, Lahr 1997

III. SCHRIFTENREIHE (Lahr, 1992 - 1994)

- Vergangenes Leben sein lassen
- Wenn Partnerschaft gelingen soll
- Umgang mit Ängsten
- Über sich selbst lachen können
- Wieder frei sein
- Vertrauen gewinnen
- Wenn die Einsamkeit kommt
- Hoffnung in dieser Zeit

(Diese Texte sind nur noch im
Hamburger Institut erhältlich.)

VORSCHAU AUF BAND II:

Folgende Themen sind für den Folgeband, der wahrscheinlich Ende 2000 erscheinen wird, geplant:

1. GEDANKEN SIND KRÄFTE

2. TRÄUME SIND SCHÄTZE

3. UMGANG MIT DER ZEIT

4. DAS INNERE KIND LEBEN LASSEN

5. GELASSEN UND HEITER WERDEN

6. KREATIV WERDEN

7. MITEINANDER REDEN KÖNNEN

8. ABHÄNGIGKEITEN ÜBERWINDEN

9. EINSAMKEIT ÜBERWINDEN

10. SCHICKSAL MUß NICHT SCHICKSAL BLEIBEN

11. DIE GUNST DES ALTERS

12. VOM GÜTIGEN GRUND DES LEBENS

13. VON DER ERFÜLLUNG DES LEBENS

14. WOVON MAN LEBEN KANN

INFORMATIONEN über die Veranstaltungen des „Hamburger Instituts für Existenzanalyse und Logotherapie“ erhalten Sie über das Sekretariat:

Barckhausenstraße 20
21 335 Lüneburg
Telefon: 04131/403844
Telefax: 04131/403845
e-mail: sekretariat@boeschemeyer.de
homepage: www.logotherapie-hamburg.de

Das vorliegende Buch kann vom Hamburger Institut für Existenzanalyse und Logotherapie zugeschickt werden. (Buchpreis plus Porto und Versandkosten).